50대 사건으로 보는
돈의 역사

50대 사건으로 보는

돈의역사

2019년 4월 24일 초판 1쇄 발행
2024년 2월 20일 초판 82쇄 발행

지 은 이 | 홍춘욱
펴 낸 이 | 김관영
책임편집 | 유형일
마케팅지원 | 배진경, 임혜솔, 송지유, 이원선

펴 낸 곳 | (주)로크미디어
출판등록 | 2003년 3월 24일
주   소 | 서울시 마포구 마포대로 45 일진빌딩 6층
전   화 | 02 - 3273 - 5135 FAX | 02 - 3273 - 5134
편   집 | 02 - 6356 - 5188
홈페이지 | http://www.rokmedia.com
이 메 일 | rokmedia@empas.com

값 17,800원
ISBN 979-11-354-2222-5(03320)

50대 사건으로 보는

돈의 역사

홍춘욱 지음

The History of Money

ROK
MEDIA

서문

    이 책을 구상한 건 20년 전의 일이다. 하지만 이런저런 이유로 실행에 옮기기 쉽지 않았는데, 2018년 말 한 회의에서의 경험을 계기로 이렇게 글을 쓰게 되었다. 회의 참석자 가운데 한 사람이 금융시장을 전망하면서 다음과 같이 단언했다.

    "2019년 글로벌 주식시장은 좋을 겁니다. 왜냐하면 트럼프 대통령의 임기 3년 차라, 재선을 위해 주식가격을 부양할 수밖에 없습니다."

    이런 류의 이야기는 사실 방송이나 대중을 상대로 한 강의에서 수없이 듣는다. 그런데 경제 상황이나 전망을 특정 인물의 '의도' 혹은 '개성'에 초점을 맞추어 설명해도 될까? 안타깝게도 이런 식의 설명은 굉장히 많은 한계를 지닌다.

    가장 대표적인 예가 19세기 초반 유럽을 제패했던 나폴레옹의 몰락 과정이다. 그는 아우스터리츠를 비롯한 수많은 전투에서 승리함으로써 불패의 명성을 얻었지만, 마지막은 비참했다. 1815년 워털루 전투에서 영국의 웰링턴 공작이 이끄는 연합군에 패배한 후, 대서양의 절해고도 세인트헬레나 섬에 유배되어 1821년 죽을 때까지 풀려나지 못했다.

포병 전력에 대한 강조와 기동력을 이용한 분산 격파 등 현대 육군 교리 대부분을 만들어낸 천재 전략가가 어쩌다 이렇게 되었을까?

일부에서는 워털루 전투에서 프로이센 군이 단 한 시간만 전장에 늦게 나타났더라도 프랑스가 결정적 승리를 거두며 역사가 바뀌었을 것이라고 이야기한다. 그러나 필자는 그 의견에 반대 입장이다. 왜냐하면 워털루 전투 이전에 벌어졌던 스페인 살라망카(1812년)와 러시아 보로디노(1812년), 그리고 독일 라이프치히(1813년) 전투에서 나폴레옹의 군대는 연전연패 중이었기 때문이다.

그럼 어떤 요인이 나폴레옹을 패망으로 이끌었을까?

1789년 프랑스 대혁명 이후 20년 넘게 이어진 전쟁으로 병력 자원이 고갈된 게 가장 직접적인 이유이겠지만, 영국이 압도적인 경제력을 지니고 있었던 것도 무시할 수 없다. 러시아가 나폴레옹의 '대륙봉쇄령'을 어기고 영국 편에 선 것도, 그리고 스페인 사람들이 영국군을 지원하며 게릴라전을 펼친 것도 결국 영국이 제공하는 값싸고 질 좋은 공산품과 풍부한 식량 때문이었으니 말이다.

나폴레옹 전쟁이 주는 교훈은 주식시장에도 적용된다. 1981년 카터 대통령과 1993년 부시 대통령이 재선에 실패한 이유는 무엇일까? 그들이라고 집권 3년 차(1980년, 1992년)에 주식시장을 부양하여 재선에 성공하고 싶지 않았을까? 그러나 1980년에 일어난 제2차 석유파동과 1991년 걸프전이 이들의 꿈을 산산조각 내고 말았다. 1993년 말 대통령 선거에서 부시와 맞붙은 클린턴의 유명한 선거 캠페인, "바보야! 문제는 경제야(It's the economy, stupid)"가 그토록 인기를 끌었던 건 결국 불황 때문이었다.

물론 필자는 2019년 주식시장이 몰락할 것이라고 주장하는 것은 아니다. 1929년 세계 대공황 이후 전 세계의 중앙은행이 경기 불황에 대처하는 법을 깨달은 다음, 과거에 비해 '호황은 길고 불황은 짧은' 모습을 보이고 있기 때문이다. 가장 가까운 예로, 미국 경제는 2009년 3월 바닥을 친 다음 이 책을 쓰고 있는 순간까지 10년째 호황을 누리고 있다. 따라서 2019년 세계경제가 극심한 불황으로 고통받을 가능성은 높지 않다. 다만, 미국 대통령의 캐릭터 혹은 재선에 대한 동기만으로 세상을 예측하려 드는 것에 대해 반대할 뿐이다.

그럼 어떻게 해야 할까?

필자가 이 책을 쓴 이유가 여기에 있다. 세계 역사를 바꾼 중요 사건의 배경을 살펴봄으로써, 세계가 어떻게 돌아가고 있는지 이해의 폭을 넓혀보자는 것이다. 물론 이 책 한 권 읽는다고 해서 세상일이 명쾌하게 다 설명되지는 않겠지만, 영웅의 행동만으로 설명되지 않는 세계사의 이면도 있음을 이해하는 데에는 도움이 되리라 생각된다.

이런 목적을 감안해, 책을 다음과 같이 7부로 구성했다. 1부에서는 나폴레옹 전쟁을 중심으로 산업혁명을 전후한 서양 세계의 발전 과정을 살펴볼 텐데, 특히 중앙은행의 출현 및 신뢰할 수 있는 금융시스템의 발전이 어떤 식으로 이뤄졌는지에 대해 초점을 맞춘다.

2부에서는 유럽의 역사에서 벗어나, 중국을 중심으로 한 동양의 역사를 다룬다. 명나라 가정제 때 왜구가 창궐했던 이유, 더 나아가 스페인의 아메리카 대륙 침략이 명나라에 미친 영향 등을 살펴보다 보면 '통화 공급'이 경제에 어떤 영향을 미치는지 이해할 수 있을 것이다.

3부는 산업혁명의 발생과 확산 과정을 다룬다. 특히 벼농사 중심의 동양 사회가 기계 장비의 혁신이 아닌, 인간 노동력의 집약적인 사용이라는 이른바 '근면혁명'의 길에 접어드는 과정을 살펴보다 보면 '인구압(人口壓, population pressure)'이 경제 발전에 어떤 영향을 미치는지 절감하리라 생각된다.

4부는 1929년 대공황에 대해 다루는데, 특히 금본위제에 대해 설명을 집중할 것이다. 금본위제가 어떤 것인지, 왜 금본위제하에서는 통화공급 확대정책을 시행하기 힘든지 이해할 수 있을 것이다.

5부는 1971년 닉슨 쇼크를 계기로 금본위제가 무너진 이후에 세계경제에 어떤 변화가 나타났는지를 다룬다. 1970년대에 왜 그토록 인플레 압력이 높아졌는지, 더 나아가 두 차례에 걸친 석유파동의 발생 이유도 어느 정도 설명되리라 생각된다.

6부는 1985년 플라자 합의를 전후한 미국과 일본 경제의 동향을 다룬다. 왜 엔화의 강세가 나타났고, 또 이게 어떻게 역사적인 자산 버블로 연결되었는지 살펴볼 것이다. 특히 어떨 때 자산가격에 '거품'이 형성되는지 판단할 근거를 제공하니 재테크에 관심이 많은 독자들은 집중해 읽어볼 필요가 있을 것이다.

마지막 7부에서는 우리나라 경제에 있었던 다양한 이벤트를 살펴본다. 1950년에 실시한 토지개혁의 영향은 물론, 1950년대 후반부터 시작된 수출 제조업의 발전 과정과 1997년 외환위기의 발생 과정을 다루는데, 이를 통해 외환위기 이후 우리 경제가 어떤 변화를 겪었는지 이해할 수 있으리라 기대한다.

이 대목에서 조금 아쉬운 것은 2008년 글로벌 금융위기에 대한 부분인데, 금융위기의 영향이 아직도 현재 진행형이라는 것. 더 나아가 존경

하는 이찬우 교수님의 명저 『대한민국 신국부론(스마트북스)』에 금융위기의 진행 과정과 영향에 대한 분석이 잘 정리되어 있다는 점을 감안해 이 책에서는 제외했다.

각 장의 마지막 부분에 참고한 도서의 목록을 올렸으니, 필자의 설명을 듣고 미진함을 느낀 분들에게 좋은 선물이 되리라 생각된다. 이 책의 내용에 흠이 있다면 선배 학자들의 연구를 제대로 이해하지 못한 필자의 책임일 것이다. 책을 읽다 이해하지 못한 부분이 있거나 다른 의견을 제기하고 싶은 독자들은 이메일 혹은 유튜브 채널로 편하게 연락하기 바란다.

2019년 3월 홍춘욱

이메일 : hong8706@naver.com
유튜브 채널 : 홍춘욱의 경제강의노트
https://www.youtube.com/channel/UCmNbuxmvRVv9OcdAO0cpLnw

2부
대항해시대로 열린 '글로벌 경제'

3부
맬서스와 이해할 수 없는 신세계

4부
대공황, 아 대공황!

5부
금본위제가 무너진 이후의 세상

6부
일본 경제는 어떻게 무너졌나?

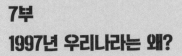

7부
1997년 우리나라는 왜?

1부

전쟁에 이기기 위해서는
더 많은 돈이 필요하다!

The History of Money

1장
트라팔가르 해전에서 영국은 어떻게 승리했는가?

19세기 초 유럽 대륙을 제패했던 나폴레옹에게 가장 위협적인 적은 영국이었다. 영국은 프랑스를 견제하기 위해 일곱 차례나 대(對)프랑스동맹*을 주도했을 뿐만 아니라, 프랑스의 뒷마당이라 할 수 있는 스페인과 포르투갈의 반란(이하 '반도전쟁**')을 지속적으로 지원하였다. 1812년 살라망카 전투에서 프랑스군을 패퇴시킨 것도 웰링턴 공작이 이끌던 영국군이었다.

반도전쟁에서 가장 존재감이 돋보인 것은 단연 영국 해군이었다. 이들은 영국에서 포르투갈까지 해상 보급선을 유지하고, 군량과 화약 같은 필수 군수물자 공급에서 지리적으로 더 가까운 프랑스군보다 우위를

---

* 프랑스대혁명의 확산을 막고 나폴레옹 1세의 유럽 대륙 지배에 대항하기 위해 영국을 중심으로 유럽 국가들이 체결한 군사 동맹으로 1793년부터 1815년까지 일곱 차례에 걸쳐 이뤄졌으며, 7차 동맹 때 워털루 전투에서 나폴레옹 군대를 격파하고 나폴레옹을 세인트헬레나 섬으로 유배 보내는 성과를 거뒀다.

** 1808~1814년 나폴레옹의 이베리아 반도 침략에 저항하여 스페인, 포르투갈 그리고 영국이 동맹하여 벌인 전쟁이다. 나폴레옹 군대는 1812년 살라망카 전투에서 치명상을 입고, 이듬해인 1813년 라이프치히 전투에서 완패하였다. 이 전쟁은 나폴레옹의 군사지배 체제에 금이 가기 시작한 직접적인 원인이 되었다.

차지했다. 1805년 트라팔가르 해전에서 넬슨 제독이 프랑스·스페인 연합함대를 완벽하게 쳐부숴 제해권(制海權)을 장악했기에 가능한 일이었다.(참고로 우리나라에 이순신 장군이 있다면, 영국에는 넬슨 제독이 있다. 뛰어난 전술과 탁월한 지휘로 해전을 이끈 넬슨 제독은 대승을 거두지만 저격병의 총탄에 쓰러져 최후를 맞는데, 이 점까지 이순신 장군과 닮았다.)

이 대목에서 한 가지 의문을 갖게 된다. 영국은 어떻게 불패의 해군을 육성할 수 있었을까?

나폴레옹 1세가 황제에 오른 이후 프랑스는 러시아와 영국을 제외한 유럽 대부분을 지배하고 있었다. 인구도 영국보다 훨씬 많았을뿐더러 해군 육성에 필요한 '경제력'도 가지고 있었다. 물론 1인당 소득은 영국에 비해 낮았지만, 워낙 인구가 많아 1780년대 말 국민총생산은 영국의 2배 이상이었다. 해군력 확충에 투입할 수 있는 '재원' 측면에서 보면, 프랑스가 월등히 유리한 조건임은 분명해 보인다. 그 재원으로 더 많은 전열함(戰列艦, ship of the line)을 만들 수 있었으니 국지적인 전투에서 지더라도 결국 승리자가 될 가능성이 높았다.

전열함이란 일렬로 늘어서서 상대를 향해 포격을 가할 수 있게 만든 전투함으로, 100채 이상의 주철 대포를 2~3층에 걸쳐 배치한, 당대 '기술의 총화'였다. 당시에는 배에 포를 장착하는 것부터 쉽지 않았다. 갑판 위에 대포를 올려놓고 쏘면 되지 않느냐고 생각할지 모르지만, 그렇게 하면 균형이 깨져서 배가 전복될 위험이 있다. 그래서 대포가 흘수선(吃水線, 배가 물 위에 떠 있을 때 배와 수면이 접하는, 경계가 되는 선)에 위치하도록 선체 내부에 두고 포를 발사해야 한다. 이때에도 몇 가지 문제점이 있다. 하나는 선체 양면에 방수 처리를 한 포문을 내야 한다는 것이고, 다른 하나는 포탄이 발사될 때 생기는 강한 반동의 힘을 잘 처리해야 한다는 것이다. 이 문제를 해결한 것이 네덜란드와 포르투갈에서 발명되고 개량된 캐러벨(caravel) 유형의 범선들이다. 이들은 월등한 균형감으로 대포 발사에 따른 반동을 흡수했고, 바퀴를 이용하여 충격을 완화하는 장치인 발사대까지 갖춰 문제점을 해결하였다.

당시로는 최첨단 기술이 투입되다 보니 전열함은 당연히 비쌌다. 트라팔가르 해전에서 넬슨 제독이 탑승하고 있던 기함 HMS 빅토리 호는 104문의 대포를 장착하고 있었다. 문제는 배를 만들 목재들을 스웨덴과 북미에서 수입해야 했다는 것이다(로빈 후드가 출현하던 잉글랜드 남부의 셔우드 숲 같은 것은 18세기 이전에 이미 사라지고 없었으니 말이다). HMS 빅토리 호 한 척에 소나무만 무려 6천 그루가 필요했고, 이에 따른 비용은 6만 3천 파운드에 이르렀다. 이를 현재 가치로 환산하면 대략 110억 원이 넘는다. 게다가 이는 오로지 건조(建造) 비용에 해당되는 것일 뿐, 대포의 생산 및 병사들의 인건비 등은 포함되지 않은 금액이다.(그런데 목조 범선은 30~40년이 지나면 나무가 썩고 물이 새어 더 이상 운용이 불가능한, 값비싸지만 운용 기간이 짧은 물건이다.)

그렇다면 영국은 어떻게 거대한 함대를 건설하고 유지할 수 있었을까? 노벨 경제학상 수상자인 더글러스 노스(Douglass C. North)와 배리 와인개스트(Barry R. Weingast)는 1688년 영국의 명예혁명에 주목한다. 명예혁명을 기점으로 영국의 국채금리가 급격히 하락해 프랑스 등 적대적인 나라와의 경쟁에서 우위를 점할 수 있었다는 것이다. 〈도표 1-1〉은 1688년을 전후해 영국 정부가 발행한 국채금리 추이를 보여준다.

명예혁명 이전 영국 국채금리는 10%를 훌쩍 넘었다. 명예혁명 이전에 금리가 높았던 건 당시 영국 왕실(스튜어트 왕가)이 빈번하게 '채무불이행'을 했기 때문이다. 대표적인 사례로 1671년 영국 국왕 찰스 2세가 채권에 대한 이자와 원금 지급을 정지시킨 일을 들 수 있다. 이로 인해 정부가

〈도표 1-1〉 영국 국채금리 추이

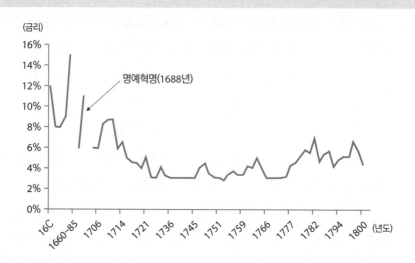

출처: 시드니 호머, 리처드 실라, 『금리의 역사』, 리딩리더(2011).

영국 금리는 17세기 후반까지만 해도 10% 혹은 15% 이상의 수준이었다. 영국 금리가 이토록 높았던 건 이자 및 원금의 지급이 빈번하게 정지되어 '위험 프리미엄'이 높았기 때문이다. 그러나 명예혁명 이후 영국 금리는 크게 떨어졌으며, 1980년을 전후해 세계적인 인플레가 발생하기 전까지는 10% 이상 수준으로 다시는 올라가지 않았다.

넬슨 제독이 탑승했던 기함, HMS 빅토리 호

발행한 채권을 인수해 자산가들에게 소액으로 판매하던 런던의 금융업자들은 치명상을 입었다. 당시 영국 왕들이 빈번하게 채무불이행을 선언한 것은 국가 재정이 튼튼하지 않았기 때문이다. 찰스 2세의 아버지인 찰스 1세가 1649년 올리버 크롬웰(Oliver Cromwell)이 이끈 의회군에 패배해 처형당한 것(청교도 혁명)도 전함 건조를 위해 특별 세금인 건함세(建艦稅, ship money)를 부과해 귀족과 금융업자의 반발을 샀던 것이 원인이었다.

영국은 청교도 혁명으로 공화제가 수립되었으나, 크롬웰이 죽은 뒤 1660년 왕정이 복고되었다. 하지만 찰스 2세에 이은 두 번째 국왕 제임스 2세가 할아버지를 반면교사 삼지 못한 채 벽난로세(hearth tax)* 등 수많은 품목에 자의적으로 세금을 부과하면서 의회를 비롯한 납세자들의 강한 반발을 초래했고, 결국 시민들은 1688년 명예혁명을 일으켜 제임스 2세를 내쫓았다. 영국 의회는 네덜란드의 오렌지 공 윌리엄을 새로운 국왕(윌리엄 3세)으로 앉힌 뒤, 그에게서 새로운 세금을 걷을 때 의회에 동의를 얻을 것과 국민의 재산을 자의적으로 강탈하지 않을 것을 약속 받았다. 그 후 영국 정부는 단 한 차례도 이자와 원금의 지급을 연체하지 않았다. 국왕이 자의적으로 세금을 부과하거나 채권 이자의 지급을 연체할 경우 곧바로 혁명이 일어날 수 있다는 것을 인지했기 때문이다.

명예혁명의 성과는 이뿐만이 아니었다. 윌리엄 3세는 혼자 오지 않았다. 혹시 모를 반대파에 대항하기 위해 1만 4천 명의 군사를 대동하고, 수만 명의 기술자와 금융 인력을 데려왔다. 233년 동안 번창하다가 1995년 파생상품 투기로 파산한 베어링스 은행(Barings Bank)도 이들의 후예 가

---

* 1662년 재산세 개념으로 도입된 것으로, 주택에 벽난로가 있으면 부유하다는 논리였다. 1화로당 2실링씩 1년에 2회 납부하게 했는데, 빈부격차와 상관없이 대체로 벽난로를 가지고 있어 벽난로세로 인한 세수는 무려 20만 파운드(당시 총 세입 규모는 약 180만 파운드였다)에 이르렀고, 국민들의 반발이 거세지자 1689년 폐지되었다.

네덜란드 금융제도를 영국으로 들여온 윌리엄 3세

운데 하나이며, 오늘날 세계 최대 보험 그룹의 하나인 포르티스(Fortis)에
도 암스테르담에서 런던으로 옮겨간 호프 금융 가문의 흔적이 남아 있
다. 즉, 사람과 더불어 네덜란드 사고방식과 금융제도까지 영국에 들여
온 것이다. 영국 귀족과 자본가들의 반감이 전혀 없었던 것은 아니지만
'네덜란드 금융'은 대세로 굳어졌다.

　이 변화에 금융 시장이 가장 먼저 반응했다. 1690년까지만 해도 10%
에 거래되던 영국 국채금리가 1702년 단번에 6%로 떨어졌다. 특히 1755
년에는 2.74%를 기록해, 어떤 경쟁 국가도 꿈꿀 수 없었던 저금리로 자
금을 조달할 수 있게 되었고, 이는 영국 해군과 육군의 전력 상승으로 이
어졌다. 거대한 함대를 건설하는 것은 물론, 실제 화약을 이용해 실전에
가까운 훈련을 할 수 있게 된 것이다. 다른 나라는 전쟁이 시작된 후에
야 훈련을 시작했지만, 영국군은 이미 실전에 가까운 훈련을 받고 전쟁
터에 나섰기에, 적어도 전쟁 초반에는 밀리는 일 따위는 없었다. 반도전
쟁에서 프랑스군을 패퇴시킨 웰링턴 공작의 사례처럼, '보급으로 이기

는' 영국군의 신화는 이때 만들어졌다. 프랑스가 스페인 백성들을 약탈해 식량을 보충할 때, 웰링턴 공작이 이끄는 부대는 빈곤의 구렁텅이에 떨어진 스페인 사람들에게 먹을 것을 주면서 게릴라전의 늪으로 프랑스군을 끌어들일 수 있었던 것이다.

금리 하락의 혜택이 비단 영국 정부에게만 돌아간 것은 아니다. 재산을 형성한 영국 사람들은 채권, 특히 만기가 없는 영구 채권(콘솔 공채)에 투자해 노후를 편안하게 설계할 수 있게 되었다. 또한 '신뢰할 수 있는' 자본시장이 형성되자, 전 세계 부자들이 투자하러 너도나도 영국 런던으로 몰려들었다.

이 대목에서 한 가지 의문이 제기된다. 영국이 수입했다는 네덜란드 금융은 도대체 무엇인가? 다음 장에서는 '세계 최초의 주식 회사' 이야기를 해보려 한다.

참고 자료

앤드루 램버트, 『넬슨』, 생각의나무(2005), 472쪽.

권홍우, 『부의 역사』, 인물과사상사(2008), 102쪽.

카를로 마리아 치폴라, 『대포 범선 제국』, 미지북스(2010), 94~96쪽.

스티븐 솔로몬, 『물의 세계사』, 민음사(2013), 240쪽.

Douglass C. North and Barry R. Weingast, "Constitutions and Commitment:
The Evolution of Institutions Governing Public Choice in Seventeenth-
Century England", The Journal of Economic History Vol. 49, No. 4(Dec.,
1989), 803~832쪽.

시드니 호머, 리처드 실라, 『금리의 역사』, 리딩리더(2011).

오카자키 데쓰지, 『제도와 조직의 경제사』, 한울아카데미(2017), 98~99쪽.

니얼 퍼거슨, 『금융의 지배』, 민음사(2016), 53쪽.

니얼 퍼거슨, 『현금의 지배』, 김영사(2002), 105쪽.

피터 L.번스타인, 『황금의 지배』, 경영정신(2001), 368~369쪽.

블로그 https://nasica1.tistory.com, "무엇이 전열함을 죽였는가? – 나폴레옹
시대 군함의 수명".

주경철, 『문명과 바다』(EPUB), 산처럼(2015), 126~127쪽.

2장

네덜란드에서 세계 최초의 주식회사가 출범한 이유는?

　미국이나 우리나라 같은 '시장경제 국가'의 모습을 상징하는 건 무엇일까? 여러 이미지가 떠오르겠지만, 주식시장만큼 상징적인 것도 없는 듯하다. 전광판에 쉴 새 없이 움직이는 주가, 주식 가격의 급등락에 따라 환호하거나 절규하는 사람들. 이만큼 극적인 장면도 없을 테니 말이다.

　주식시장은 무엇일까? 단순하게 이야기하면, 주식 등의 유가증권을 거래하는 곳이다. 여기서 주식이란 어떤 기업의 지분을 의미한다. 그러나 일반적인 지분은 아니다. 주식회사란 것이 만들어지기 전에는 사업을 시작할 때 '인생을 거는 수준의 결의'가 필요했다. 일이 안 풀려 망하게 될 경우 사업으로 인한 부채를 끝까지 갚아야 했기 때문이다. 이 전통은 굉장히 오래된 것으로, 고대 사회에서 채무불이행은 매우 가혹하게 다뤄졌다. 로마에서는 아무리 작은 채무라도 이행하지 않으면 채무자의 모든 재산을 몰수해 경매에 부쳤는데, 서구 세계에서 이 관행은 19세기까지 이어졌다. 따라서 사업은 아무나 하는 것이 아니었으며, 좋은 사업 아이디어가 있더라도 실행에 옮기기는 대단히 힘들었다.

그러나 사회가 발전하고 복잡해지면서 '무한책임(無限責任)' 원칙이 사업에 걸림돌이 된다는 인식이 확산되었다. 특히 대항해시대가 열린 후, 1~2년 단위가 아닌, 수년 혹은 수십 년에 걸친 사업을 진행해야 할 필요성이 생기면서 '유한책임(有限責任)'을 기본으로 오랫동안 사업을 영위할 수 있는 새로운 제도, 즉 주식회사에 대한 필요성이 거론되었다. 사업에 실패하더라도 자기가 투자했던 지분만 포기하면 더 이상 책임을 추궁 당하지 않는 게 '유한책임' 제도다.

이 대목에서 한 가지 의문이 제기된다. 대항해시대를 본격적으로 열어젖힌 나라는 스페인과 포르투갈이건만, 왜 네덜란드에서 세계 최초의 주식회사인 '동인도회사(Dutch East India Company)'가 출범하게 되었을까? 여러 이유가 있겠지만, 네덜란드가 중세 유럽 사회의 핵심인 '장원제도(莊園制度)'에서 벗어나 있었던 것이 상당한 영향을 미쳤다. 장원제도란 영주가 자신의 봉토에 속한 농노들을 수직적으로 지배하는 시스템이다. 영주는 자신에게 몸을 의탁한 농노들에게 최소한의 안전, 즉 신변 보호와 농사지을 토지의 이용권을 보장했다. 영주가 권세를 잃거나 전쟁에서 목숨을 잃으면, 그의 장원은 다른 기사나 영주에게 넘어가게 되지만 일단 형식적으로는 '거래 관계'에 의해 성립되었다고 볼 수 있다.

그런데 암스테르담을 비롯한 네덜란드 대부분의 주에는 장원제도가 발달하지 않았다. 네덜란드 육지 대부분이 바다나 늪지를 개간한 땅이다 보니 교회도 귀족도 소유권을 선뜻 주장하기 어려웠기 때문이다. 네덜란드 사람들은 다른 유럽 나라 사람들과 달리 직접 개척하거나 간척한 땅을 자유롭게 사고팔았다. 귀족이 소유한 땅은 지금의 네덜란드와 벨기에에 해당되는 홀란트 주 기준으로, 단 5%에 불과했다. 이 덕분에 네덜란드 사람들은 전통과 종교의 굴레에서 벗어나 실용주의적 태도를 가질 수 있었다. 15세기 후반 종교개혁이 시작되었을 때 마르틴 루터(Martin Luther)의 의견서(95개조 반박문)를 인쇄해 배포한 곳도 암스테르담이었다. 그곳에서는 에라스무스를 비롯한 사상가들이 적극적으로 자신의 의사를 펼치고 논쟁을 벌일 수 있었다(오늘날에도 네덜란드는 세계에서 가장 관용적인 편이며, 마약, 매춘 등을 가장 먼저 합법화하기도 했다).

네덜란드의 개방적인 풍토뿐만 아니라, 16세기 말부터 이어진 기나긴 독립전쟁(1568~1648년)*도 혁신을 유발한 원인으로 작용했다. 당시 남부 네덜란드를 통치하던 스페인이 종교의 자유를 억압하고, 막대한 세금을 부과하여 여기저기서 반란이 일고 있던 터라, 정부 차원에서 해외 진출을 도모할 여력이 없었다. 결국 네덜란드 정부는 해외 시장을 오랫동안 개척할 민간 자본을 육성해야 했는데, 동인도회사가 기가 막힌 대안이었다.**

동인도회사는 아프리카 최남단 희망봉부터 아메리카 대륙 서쪽 해안까지 펼쳐지는 광대한 지역에서 요새를 쌓고 군사력을 행사하는 등 네덜란드 정부가 할 일을 대신했다. 더욱이 동인도회사 암스테르담 사무소의 초대 주주로 등록한 사람이 1,143명에 이를 정도여서 거대한 자본

* 스페인의 속령(屬領)인 네덜란드 북부 7주가 스페인과의 항쟁에서 독립을 쟁취한 전쟁이다. 중세 이후 상공업 발달로 번영한 네덜란드 도시들은 자치권을 소유하고 있었고, 종교개혁으로 북부에는 이른바 칼뱅파의 신교도가 급증하였다. 이에 스페인 왕 펠리페 2세가 가톨릭교 수호를 이유로 신교도 탄압에 나섰으며, 자치권을 박탈하고 중세를 부과하자 시민들은 이에 항쟁하였다. 휴전과 전쟁 재개 등 80년간 이어진 전쟁은, 1648년 베스트팔렌 조약으로 국제적 승인을 얻으며 종식되었다. 80년 전쟁이라고도 부른다.

** 16세기 말 네덜란드 상인들은 포르투갈과 스페인을 통해 동방의 물건과 발트해의 물건을 교환하는, 이른바 동방무역을 했으나, 가격이 치솟자 직접 해상무역에 진출하기 시작했다. 그 후 네덜란드 각지에 동방무역회사가 여럿 설립되었는데, 여러 회사가 난립하고 경쟁이 심화되자 그에 따른 폐해가 생겨, 네덜란드 정부는 1602년 이 회사를 모두 통합하는 합동 동인도회사(네덜란드 동인도회사, VOC)를 결성하였다. 동인도회사는 정부로부터 동양무역의 독점권은 물론, 군대 편성, 문관 임명, 요새 축조 등의 권한도 부여받아 경제적, 군사적 권력 대행기관으로 자리매김했다.

1726년 암스테르담의 동인도회사 조선소의 모습

금을 쉽게 모을 수 있었다. 인도네시아 몰루카 제도를 점령하고 여기에 요새를 쌓아 이를 지킬 용병을 고용하기 위해서는 거대한 자금이 필요했는데, 이 문제도 깔끔하게 해결할 수 있었다. 게다가 이 거대 조직은 자기 마음대로 움직일 위험도 없었다. 소유권이 경영권과 분리되어, 중요한 의사 결정은 선출된 이사들이 내렸고, 투자자들은 이들의 결정을 받아들이거나 주식을 팔거나 둘 중 하나만을 선택할 수 있었기 때문이다. 또한 주식회사는 법적으로 독립적인 실체였기에 소유자 개개인과 분리되어 수명에 제한이 없었다.

마지막 대목을 부연 설명하자면, 동인도회사를 만들었던 네덜란드 정부도 이 회사가 오랫동안 지속될 것이라 생각하지는 않았다. 처음 만들어진 동인도회사의 정관에 따르면, 21년 뒤에 청산될 예정이었다. 당시 기준으로 21년은 거의 영원에 가까운 시간이었던 것이다. 나아가 동인도회사의 설립자들은 이 때문에 투자를 꺼리는 사람들이 있을 것이라고 생각했다. 그래서 '중간 정산' 조항을 넣었다. 설립한 지 10년이 되는

1612년에 회계장부를 총정리하고, 회사의 운영 상태를 주주들에게 공개한 다음, 투자금을 회수하길 원하는 사람에게는 그렇게 해준다는 것이었다.

그러나 이 걱정은 괜한 것이었다. 〈도표 1-2〉에서 보듯, 동인도회사는 수백 년 동안 유지되었고, 암스테르담에 세계 최초의 주식시장이 세워질 정도로 많은 투자자가 동인도회사의 주식을 사고팔게 되었다. 동인도회사는 몇 차례 위기를 맞긴 했지만, 배당금을 지급했으며 주가가 장기적으로 상승함에 따라 많은 주주를 부자로 만들어주었다.

물론 만사가 순조롭지만은 않았다. 주식시장이 자리를 잡으면서 '재테크' 붐이 일었고, 동인도회사가 성공적으로 세계 시장을 개척하는 바람에, 아니 정확하게 말하자면 후추를 비롯한 귀한 향신료가 나는 인도네시아의 몰루카 제도를 아예 점령해버리는 바람에 너무 많은 돈이 유입되었다. 물론 해외에서 돈이 많이 들어오면 경기는 좋아진다. 하지만 그 돈을 적절하게 관리하지 못하면 여러 문제가 발생하는데, 그 대표적인

17세기 가장 비싼 꽃으로 팔렸던 튤립 중 하나

〈도표 1-2〉 17세기 동인도회사 주가 추이(1602년=100)

출처: "The world's first stock exchange: how the Amsterdam market for Dutch East India Company shares became a modern securities market, 1602-1700"(2011).

세계 최초의 주식회사인 네덜란드 동인도회사의 주가는 꾸준한 상승세를 보였다. 1630년대 후반 시작된 이른바 '튤립 파동'의 영향으로 급등했지만, 이후 튤립 가격은 폭락한 반면 동인도회사의 주가는 꾸준히 상승했다. 이익 증가와 배당 지급으로 내재가치가 지속적으로 늘어났기 때문이다.

사례가 바로 '튤립 파동(Tulip mania)'이다.

1630년대 네덜란드에서는 터키 원산의 원예식물, 튤립이 큰 인기를 끌었다. 특히 튤립은 구근(球根) 형태로 거래가 되었기에 꽃의 모습과 빛깔을 예측할 수 없다는 점이 사행성을 부추겼다. 1630년대 중반에는 뿌리 하나가 숙련공 연소득의 10배가 넘는 금액으로 거래되는 등 '가격 상승이 새로운 매수자를 부르는' 전형적인 금융 투기가 발생했다. 그러나 어느 순간 가격이 하락세로 돌아서면서 팔겠다는 사람만 넘쳐나며 거품이 붕괴되었다.

일각에서는 이와 같은 '튤립 버블'의 규모가 크지 않았고, 가격 흐름 역

암스테르담에 위치한 네덜란드 동인도회사 본부

시 버블이라고 지칭할 정도가 아니라고 반박하기도 한다(실제로 동인도회사 주가는 1630년대 이후에도 상승했다). 특히 17세기 동안 발생했던 주요 전쟁에서 네덜란드는 항상 우위를 점했고, 인도네시아의 몰루카 제도를 지배하며 향신료 공급을 독점하는 등 전성기를 누렸음을 생각하면, 튤립 파동으로 네덜란드가 무너질 정도의 타격을 받지 않았음을 알 수 있다.

이 대목에서 한 가지 궁금증이 제기된다. 콜럼버스를 후원해 신대륙을 발견하고, 16세기 초반 아메리카 대륙에서 역사상 최대 규모의 노다지를 발견한 스페인은 왜 네덜란드의 독립을 저지하지 못했을까? 다음 장에서 이 의문을 자세히 풀어보자.

참고 자료

Lodewijk Petram, "The world's first stock exchange: how the Amsterdam market for Dutch East India Company shares became a modern securities market, 1602–1700"(2011), 81쪽.

케네스 포메란츠, 스티븐 토픽, 『설탕, 커피 그리고 폭력』, 심산문화(2003), 325~327쪽.

윌리엄 번스타인, 『부의 탄생』, 시아(2017), 102쪽.

러셀 쇼토, 『세상에서 가장 자유로운 도시, 암스테르담』, 책세상(2016), 74~75쪽.

로데베이크 페트람, 『세계 최초의 증권거래소』, 이콘(2016), 58~59쪽.

3장
군대는 강하지만 경제는 허약했던 스페인

　1492년 콜럼버스가 신대륙을 발견한 이후 약 100년 동안, 스페인은 상상할 수 있는 모든 종류의 행운을 경험했다. 잉카와 마야 제국의 지배자들에게서 약탈한 금과 은이 고갈될 무렵인 1545년 볼리비아 포토시(Potosí)에서 사상 최대 규모의 은광이 발견되었고, 이로부터 채 1년도 안 된 1546년 9월 8일 스페인인과 원주민으로 이루어진 작은 탐험대가 멕시코 사카테카스(Zacatecas)에서 풍부한 은맥의 존재를 확인하기에 이른다.

　행운은 여기서 그치지 않았다. 1540년 이탈리아의 기술자인 바노초 비링구초(Vannoccio Biringuccio)가 '열 기술'이라는 논문에서 수은을 이용해 광물에서 금속을 추출하는 새롭고도 대단히 효율적인 공법을 제시했는데, 이 혁신이 스페인에 안성맞춤이었다. 이로 인해 시에라 모레나(Sierra Morena) 산맥 북쪽 기슭에 있는 알마덴의 풍부한 수은 광산을 활용할 수 있었기 때문이다. 거대한 광산의 발견과 혁신적인 제련 기법의 수용 덕분에 스페인은 엄청난 부를 손에 넣을 수 있었다. 포토시 광산, 단 한 곳에서 채굴된 은의 양은 연 5만kg에서 많게는 28만kg에 이를 정도였다.

〈도표 1-3〉 1530~1660년 아메리카 대륙에서 스페인으로 이동한 은화의 양

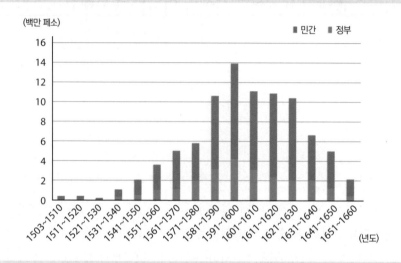

출처: Earl J. Hamilton, "Imports of American Gold and Silver Into Spain, 1503-1660", The Quarterly Journal of Economics, Vol. 43, No. 3(May, 1929).

영국 제독 드레이크(Francis Drake) 경 등 수많은 약탈자에게 스페인의 보물선은 탐나는 공격 대상이었지만, 스페인 제국은 매우 성공적으로 아메리카의 은을 유럽으로 날랐다. 포토시(1545년)와 사카테카스(1546년) 은광의 연이은 발견으로 17세기 초까지 은 생산량은 지속적으로 늘어났다.

그러나 이는 스페인에게 오히려 저주가 되었다. 해외에서 유입된 은과 금이 경제에 어떤 영향을 미칠지 전혀 예상하지 못했기 때문이다.

A와 B라는 두 나라만 있는 세상을 가정해보자. 특정 시점에 A국(=스페인)이 금광을 발견하여 통화량이 급격히 증가한다면? 물론 A국이 생산 능력이 뛰어나 화폐 공급량이 늘어난 만큼 신속하게 각종 물건을 생산할 수 있다면 문제가 되지 않는다. 그러나 A국의 생산 능력에 한계가 있다면, 결국 늘어난 통화량으로 인해 물가가 지속적으로 상승할 것이다. 물가 상승과 공급 차질이 발생하니, A국에서는 B국(=네덜란드)의 제품이 인기가 있을 수밖에 없다. B국의 의류나 식료품 등이 수입됨에 따라 A국의 귀금속은 B국으로 흘러들어간다.

이는 전형적인 '네덜란드 병(Dutch disease)'의 흐름이다. 네덜란드는 1959년 북해에서 대규모 가스전을 발견하였고, 이후 천연가스 수출로 매년 수십억 달러를 벌어들였다. 그런데 수출 대금이 유입되자 네덜란드 화폐 단위인 굴덴화의 가치가 크게 상승해 1970년대 들어 천연가스를 제외한 수출업체들은 해외에서 경쟁력을 잃게 된다. 이렇듯 자원이 개발된 후 오히려 해당 국가의 경제가 침체되는 현상을 '네덜란드 병(病)'이라고 지칭한다.

16세기 스페인도 비슷한 문제에 봉착했다. 아메리카 대륙의 거대한 식민지를 운영하기 위해서는 다양한 필수품을 끊임없이 실어 보내야 했다. 밀가루, 올리브유, 식초 등은 별 어려움 없이 공급했지만, 모직물, 구두, 양탄자, 가구, 견직물, 시계 등은 수요를 맞추기 어려웠다. 이런 상황을 반영해, 당시 스페인의 지식인들은 다음과 같은 한탄을 하기에 이르렀다.

"우리 왕국은 아메리카에서 유입된 금과 은으로 세상에서 가장 부유한 왕국이 될 수 있었지만, 금과 은을 우리의 적인 다른 왕국으로 보내는 징검다리로 전락한 까닭에 가장 가난한 존재가 되고 말았다."

현대 경제학을 공부한 사람들은 한 가지 처방전이 바로 떠오를 것이다. 통화량이 갑작스럽게 늘고, 걷잡을 수 없는 인플레이션이 발생할 경우, 금리를 인상해 경제 전체의 수요를 진정시키는 것이 첫 번째 대책이다. 그러나 당시 스페인에는 중앙은행이 없었기에 금융 정책을 펼칠 방법이 없었다. 더욱이 당시 스페인을 지배하고 있던 합스부르크 가문의 왕들(카를로스 1세와 그의 아들 펠리페 2세)이 통화긴축은커녕 대규모 전쟁을 끊임없이 일으켜 사태를 더욱 악화시켰다.

1517년 마르틴 루터가 95개조의 반박문을 발표하며 시작된 종교개혁 흐름 속에서 스페인 국왕들은 가장 적극적으로 구교(舊敎)를 옹호했고, 이들의 신앙심은 호전적인 대외 개입으로 이어졌다. 역사학자들의 연구에 따르면 1400~1559년 사이에 가장 호전적이었던 나라는 스페인과 오스만 투르크 제국인 것으로 나타났다. 장기간에 걸친 대규모 전쟁으로 재정 부담이 날로 늘어난 것은 물론, 생산 업무에 종사해야 할 많은 젊은 남성이 전쟁터에 투입됨으로써 스페인의 생산 능력은 바닥으로 추락할 수밖에 없었다.

물론 스페인은 16~17세기 내내 유럽 최강의 군사력을 자랑했다. 피사로가 이끌던 200여 명의 원정대가 잉카 제국을 무너뜨린 것에서 볼 수 있듯, 테르시오(Tercio) 방진으로 무장한 스페인 육군은 공포의 대상이었다. 테르시오 방진이란 약 250명의 병사가 단일 대형을 만들어 적을 공략하는 것으로, 창병이 적의 기병대를 저지한 후 총병이 일제 사격으로

대규모 전쟁을 일으키며 스페인 경제를 악화시킨 펠리페 2세

적의 예봉을 꺾은 다음 다시 창병의 공격으로 적을 궤멸시키는 정교한 전략을 지칭한다. 이 전술은 창병을 이용하여 재장전에 시간이 걸리는 총병을 보호할 수 있다는 장점이 있다.

그러나 이처럼 뛰어난 전략을 갖춘 강력한 육군에도 불구하고, 스페인은 '전투에서는 이기지만 전쟁에서는 패하는' 패턴을 반복했다. 대표적인 예가 네덜란드 독립전쟁이다. 당시 스페인을 비롯한 유럽의 군대는 '용병' 제도에 기반하고 있었기에, 막대한 비용이 수반되었다. 예전처럼 기사단을 유지하는 나라도 있었지만, 테르시오를 비롯한 혁신적인 전술이 개발되면서 기사단은 이미 경쟁력을 잃어버렸고 점점 용병에 대한 의존도가 높아지고 있었다. 그런데 용병이 특정 국가에 충성심을 가진 존재가 아니다 보니 대장의 선택에 따라 언제든 적의 편으로 돌아설 수 있다는 문제가 있었다. 게다가 급료가 제때 지급되지 않으면, 주변 지역을 약탈해 '비용을 회수'하려 드는 일도 종종 벌어졌다. 네덜란드 독립전쟁 당시에 발생한 '앤트워프 약탈 사건(The sack of Antwerp)'이 대표적인 예다.

당시 스페인 왕실은 오스만 투르크 제국과의 전쟁이 장기화되면서 그 영향으로 1575년 파산했고, 용병 부대에 급료를 제때 지불하지 못했다. 그러자 네덜란드에 주둔하고 있던 스페인 용병 부대는 '유럽에서 가장 부유한 도시'인 앤트워프를 약탈해, 7천 명 이상의 시민을 살해하고 도시를 폐허로 만들어버렸다. 이에 경악한 네덜란드 남부 상인들과 지식인들은 스페인에 대한 지지를 철회했고,* 결국 1년 뒤인 1576년 '스페인을 축출하기 위해' 네덜란드 북부와 남부가 종교 차이를 불문하고 협력하기로 하는 이른바 '헨트(Gent) 협약'을 체결하기에 이르렀다.

* 네덜란드 독립전쟁은 홀란트, 위트레흐트 등 북부 7주의 신교도들이 종교 탄압에 항거하여 일으킨 시민운동에서 발전한 것으로, 당시 가톨릭교가 주축이던 네덜란드 남부는 오히려 스페인을 지지했다.

물론 네덜란드의 군사 천재, 마우리츠(Maurits) 백작이 테르시오 방진을 무너뜨리는 혁신적인 전술을 창안한 것이 네덜란드 독립을 이끄는 결정적 계기가 되었다. 그러나 스페인이 재정을 건실하게 운용하고, 신세계의 귀금속을 잘 활용했더라면, 훨씬 더 오래 패권을 유지할 수 있었을 것이다.

다음 장에서는 왜 그토록 스페인이 신대륙의 귀금속에 열정을 불태웠는지에 대해 살펴보자.

참고 자료

Earl J. Hamilton, "Imports of American Gold and Silver Into Spain, 1503~1660", The Quarterly Journal of Economics, Vol. 43, No. 3(May, 1929), 436~472쪽.

카를로 마리아 치폴라, 『스페인 은의 세계사』, 미지북스(2015), 42~43쪽,

니얼 퍼거슨, 『현금의 지배』, 김영사(2002), 32~34쪽.

서울경제(2016.5.23), "네덜란드 독립전쟁".

윌리엄 맥닐, 『전쟁의 세계사』, 이산(2005), 174~178쪽.

주경철, 『대항해시대』, 서울대학교출판부(2008), 252쪽.

4장
16세기의 물가 혁명, 어떤 변화를 가져왔나?

　스페인 사람들이 금을 찾아 신대륙으로 달려가고, 그들이 획득한 보물 덕분에 나라가 망가진 이야기를 들으면서 한 가지 의문을 품은 독자들이 꽤 있을 것이다. 왜 그들은 목숨을 잃는 위험을 무릅쓰고 '금'을 비롯한 귀금속에 탐닉했을까?

　물론 정확한 이유는 알 수 없다. 유발 하라리(Yuval Noah Harari)가 그의 책 『사피엔스』에서 역설했듯, 인간이 '세상에 존재하지 않는 것을 믿는 능력'을 깨치게 되면서부터 조개 껍질이나 커다란 돌을 화폐로 간주한 것이 시작점일 것이다. 일단 화폐에 대한 필요성이 높아지는 순간, 금이나 은 같은 귀금속은 가장 유력한 화폐 후보로 부상할 수밖에 없다. 귀금속이 우선적인 화폐 후보가 된 건 다음 세 가지 우월한 특성 때문이다.

　먼저 금은 매우 잘 늘어나는 물질이라는 점에 주목할 필요가 있다. 금은 두드려서 1/272,000인치의 얇기로 만들 수 있고, 잡아 늘려서 가는 실처럼 만들 수도 있다. 이러한 특성으로 작게 조각 내어 거래하기도 편했고, 다양한 장신구를 만드는 데도 사용되었다. 반면 카우리 조개 같은

고대에 사용된 패화

다른 '화폐 후보'들은 잘게 조각 내기 어려웠다.

금이 화폐의 유력 후보로 부상한 두 번째 이유는 보존성이다. 화폐로 사용되던 조개의 경우, 한번 부서지면 화폐로 기능하기 어려웠으나 금은 오랜 기간 보존하더라도 녹이 슬지 않는 데다, 꽤 무른 편이기는 하지만 주석이나 구리 같은 다양한 금속과 합금하면 꽤 단단해져서 주화(鑄貨)로 제조하기 쉬웠다.

마지막 조건은 '사용 가치'이다. 일본에서는 쌀이, 조선에서는 면포가 일종의 화폐 역할을 했는데, 이는 쌀이나 면포가 의식주의 하나로 매우 큰 사용 가치를 지녔기 때문이다. 금 역시 이런 면에서 충분한 조건을 갖추고 있다. 이집트 투탕카멘 왕의 무덤에서 발견된 수많은 금 장식 제품에서 보듯, 높은 계급일수록 금의 사용 가치를 더욱 높게 평가했다. 이런 영향으로 소량만 보유하더라도 충분히 제 값을 받을 수 있었다. 또한 쌀이나 면포 등에 비해 운송 비용이 절감되는 장점도 무시할 수 없다.

그러나 이러한 조건을 만족한다고 해서 금이 자동적으로 화폐가 되는 것은 아니다. 순도와 정확한 무게를 측정하는 과정을 거쳐야 한다. 이 과정은 매우 힘들고, 긴 시간이 걸린다. 괜히 그리스의 철학자 아르키메데스가 왕의 보관(寶冠)에 포함된 '금의 함량'을 파악하기 위해 노력했겠는가? 1529년 스페인과의 전쟁에서 패한 프랑스의 프랑수아 1세가 두 아들의 몸값으로 스페인의 카를 5세에게 120만 에스쿠도(Escudo, 포르투갈의 화폐 단위)를 지불했을 때, 돈을 검사하고 헤아리는 데만 4개월이 걸렸는데, 이 과정에서 스페인 사람들은 4만 개의 주화를 기준 이하라는 이유로 수령을 거부하기도 했다.

이러한 어려움을 해결하기 위한 방법은 두 가지밖에 없다. 하나는 국가 권력이 보증하는 '증서' 즉, 지폐를 발행해서 정부가 운영하는 은행에서 금으로 언제든 교환할 수 있게 하는 것이고, 다른 하나는 표준 무게와 모양을 가진 합금(=주화)을 '화폐'로 선언하고 이의 가치를 보증하는 것이다. 기원전 600년, 리디아의 왕 크로이소스(Kroisos)는 최초로 주화를 만들어 역사를 새로 쓰는 위업을 달성했다. 뚱뚱한 8자 모양에 사자 이미지가 박힌 표준화된 동전을 만들어 "이러한 크기, 형태, 표시를 가진 금속은 어떤 특정한 양의 가치를 가진다."라고 공표한 것이다.

반면 지폐의 발행까지는 더 많은 시간이 필요했다. 주화는 용광로에 녹여 금이나 은, 주석 같은 사용 가치를 지닌 금속으로 변환이 가능한 반

리디아 왕국의 호박금

기원전 500년~기원전 490년 것으로 추정되는 붉은 항아리로, 리디아의 왕 크로이소스가 그려져 있다.

면, 지폐는 정부가 권위를 잃거나 지나치게 많은 지폐를 발행할 경우 가치가 급격하게 떨어지는 위험이 있다. 따라서 중국 원나라처럼 정부 권력이 대단히 강하거나 이탈리아 은행들처럼 발달된 상업 시스템을 갖추지 않은 한, 지폐(혹은 은행권)는 일반화되기 쉽지 않았다.

다시 이야기의 주제로 돌아가자면, 크로이소스나 로마의 황제 같은 절대 권력자들이 이 번거롭고 귀찮은 주화 주조를 한 건 편리함 때문이었다. 예를 들어 열 개의 서로 다른 상품만 만들어지고 거래되는 어떤 사회를 가정해보자. (표준화된) 주화가 없다면 거래를 원하는 사람들은 서로 값어치가 비슷하다고 생각되는 두 상품을 물물교환해야 한다. 소 한 마리와 면사 여섯 포, 마차 한 대분의 땔감과 곡물 두 가마처럼 말이다. 열 개의 상이한 상품으로 이루어질 수 있는 물물교환 경우의 수는 45가지나 되지만, 문제는 물물교환이 생각처럼 간단하지 않다는 것이다. 다른 사람에게서 면사를 구하려는 사람이 정작 면사를 가진 사람이 원하는 물건을 갖고 있으리란 보장이 없으니 말이다.

반면, 주화는 교환 과정을 단순화한다. 주화로 물건을 사고팔 수 있다면 물건에 각각 값을 매기기만 하면 된다. 물건을 거래하려는 사람들이 자신의 욕구를 다른 이의 욕망과 일치시키기 위해 더 이상 애쓰지 않아도 된다. 따라서 금속화폐를 사용하기 시작하면 경제에 상거래가 발전하는 것은 당연한 일이다. 그러나 금속화폐에는 한 가지 결정적인 문제가 있다. 공급이 일정하지 않다는 점이다. 특히 금이나 은의 공급이 원활하지 않으면 경제 전반이 침체된다. 대표적인 사례가 바로 15세기였다. 15세기에 유럽에서 산출된 금은 당시 수요에 비해 매우 부족했다. 일부 역사학자들의 추정에 따르면 1400년에 유럽 내부의 금 산출량은 4톤을 넘지 않았다. 게다가 동방 무역으로 지속적으로 금이 유출되고 있었기에, 이 정도 생산량으로는 경제가 제대로 돌아가기 어려웠다. 돈의 공급량이 부족하면 사람들은 상품과 서비스를 구입하는 데 쓰는 돈을 절약하려 노력하고, 그 결과 물가가 내려간다. 콜럼버스와 바스코 다 가마 등 수많은 모험가가 아프리카 희망봉을 돌아 아시아로 향하고, 인도를 찾아 대서양을 횡단했던 데에는 금을 비롯한 귀금속의 가격 상승이 그 배경으로 작용했던 셈이다.

1492년 콜럼버스의 역사적 항해 이후, 정반대 상황이 나타났다. 1500년대에 유럽 물가가 매우 급격히 올랐는데, 경제학자들은 이 시기를 가리켜 '16세기의 물가 혁명'이라 부른다. 물론 유럽 물가가 1492년을 기점으로 바로 상승하지는 않았다. 본격적으로 물가가 상승한 것은 16세기 중반의 일이었는데, 당시 오스만 투르크의 세력이 커지면서 동방으로 가는 무역로가 막힌 것이 상당한 영향을 미쳤을 것이다. 나아가 14~15세기 유럽의 인구 감소를 유발했던 흑사병이 진정되면서 인구가 크게 늘어난 것도 인플레이션의 원인으로 지목된다. 그러나 무엇보다 신대륙으로부터 유입된 어마어마한 양의 귀금속이 물가 혁명을 일으키는 데 상당한 영향을 미쳤던 것으로 보인다.

일반적으로 물가가 상승하는 시기에는 경제 호황과 인구 증가가 동반된다. 물론 이 호황은 준비된 사람들에게는 축복일 수 있지만 그렇지 않은 사람들에게는 큰 위협이 되기도 한다. 그러나 대체적으로 볼 때, 16세기 후반에 시작된 인플레이션은 유럽 경제 발전의 계기가 되었음을 부인할 수 없다. 무엇보다 통화가 충분히 공급되면서 '물물교환' 경제로의 회귀 가능성이 사라졌을 뿐만 아니라, '화폐환상(money illusion)'이 출현했기 때문이다. 화폐환상이란, 임금이나 소득의 실질적인 가치는 변하지 않았는데 인플레이션이 발생하면서 자신의 임금이나 소득이 늘어났다고

〈도표 1-4〉 1209년 이후 영국 물가 추이(2015년=100)

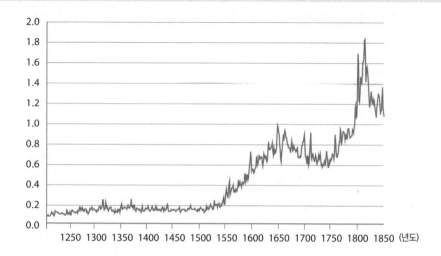

출처: 세인트루이스 연방준비은행(https://fred.stlouisfed.org/series/CPIUKA).

인구가 늘어나면 1인당 소득이 줄어들고, 반대로 인구가 줄면 1인당 소득이 늘어나는 '저성장' 경제에서 인플레는 대단히 드문 일이었다. 특히 경제의 외형이 미미하지만 조금씩 늘어나는 상황에서, 귀금속 공급이 순조롭지 않으면 디플레, 다시 말해 귀금속의 가격 상승 및 일반적인 상품가격 하락 현상이 출현하곤 했다. 그런 의미에서 16세기부터 본격화된 인플레는 경제에 아주 큰 변화가 나타나고 있음을 보여주는 신호였다고 볼 수 있다.

받아들이는 현상을 말한다.

15세기 내내 물가가 안정되었고, 일부에서는 상당한 디플레이션 상황이었기에 갑작스럽게 발생한 인플레이션은 경제 전반에 강한 수요 증가를 유발했을 것이다. 하지만 산업혁명 이전이라, 늘어난 수요에 부응해 공급을 늘리기는 힘들었다. 따라서 16세기 귀금속의 공급 확대, 특히 스페인 '페소'로 대표되는 글로벌 기축통화(基軸通貨, Key Currency)*의 공급은 경제에 긍정적인 영향을 주었다고 볼 수 있다.

특히 유럽인들이 원하는 동방의 물품, 예를 들어 후추나 비단, 도자기를 구입할 수 있는 '교역재(tradable goods)'가 생긴 것은 유럽뿐만 아니라 세계 경제 전체에 큰 영향을 미쳤다. 당시 유럽인들은 동방의 상품을 구입하고 싶었지만, 아시아 사람들은 시계를 제외하고는 유럽에서 생산된 제품을 선호하지 않아 교역에 어려움이 있었다. 그러나 16세기에는 이런 점이 더 이상 문제되지 않았다. 멕시코에서 출항한 배가 중국에 도착해 도자기(혹은 비단)를 '은'과 교환했기 때문이다.

다음 장에서는 이러한 글로벌 교역망의 출현이 어떤 금융 혁신을 불러일으켰는지 살펴보자.

---

* 국제간의 결제나 금융거래의 기본이 되는 통화로, 1960년대 미국의 트리핀 교수가 처음 명명한 용어다. 기축통화로서 기능을 수행하려면 전쟁 등으로 발행국의 존립이 문제되지 않아야 하는 것은 물론, 발행국은 다양한 재화나 서비스를 생산하고, 통화 가치가 안정적이며, 발달한 외환시장과 금융 · 자본시장을 갖고 있어야 한다.

참고 자료

유발 하라리, 『사피엔스』, 김영사(2015), 169~170쪽.

한경 비즈니스, "대항해시대의 기축통화 '카우리 조개'"(2018.1.24).

레베카 조라크, 마이클 W. 필립스 주니어, 『골드』, 새터(2018), 43~44쪽.

윌리엄 번스타인, 『부의 탄생』, 시아(2017), 199쪽.

피터 L.번스타인, 『황금의 지배』, 경영정신(2001), 119쪽, 171~173쪽.

니얼 퍼거슨, 『금융의 지배』, 민음사(2016), 28쪽.

잭 골드스톤, 『왜 유럽인가』, 서해문집(2011), 58쪽.

주경철, 『문명과 바다』(EPUB), 산처럼(2015), 339쪽.

5장
메디치 가문부터 암스테르담 은행까지

아메리카 대륙에서 대규모로 귀금속을 가져온 덕분에 세계적인 교역 망이 형성된 이후, 유럽에는 새로운 세력이 출현하기 시작했다. 그들은 바로 '자본주의적' 거대상인이다. 지역 경제에서 유통을 담당하는 사람들을 전통적 의미에서 '상인'이라고 한다면, 16세기에 형성된 세계 경제 체제에서 장거리 교역을 주도하던 사람들은 전통적 상인의 범주에 넣을 수 없는 자본가(資本家)로서의 성격을 지녔다. 동아시아와 아메리카를 대상으로 이뤄진 원거리 무역은 그들이 원하는 대로 활동할 수 있는 자유공간 그 자체였다. 국가와 교회의 간섭에서 벗어날 수 있는 데다, 수익성도 좋았다. 1497~1499년 희망봉을 돌아 인도까지의 항해에 성공했던 포르투갈 항해자 바스코 다 가마는 4척의 배로 떠나 단 2척으로 돌아오는 힘든 여정을 거치긴 했지만, 투자자에게 무려 원금의 60배에 달하는 배당금을 주었다. 누구나 끌릴 만한 성과였다.

역사적으로 이름을 남긴 상업 금융 엘리트 가문으로는 이탈리아의 스트로치(Strozzi), 곤디(Gondi) 등이 있고, 그다음 시대를 선도했던 독일의 대가

문 푸거(Fugger), 벨저(Welser) 등을 꼽을 수 있다. 동유럽 광산 개발, 이탈리아와의 교역, 식민지 상품 거래 등으로 엄청난 부를 쌓고 금융업에도 손을 댄 푸거 가문의 경우에서 보듯, 상업 대가문들은 이윤을 남길 수 있다면 거의 모든 곳에 손을 댔다. 그런데 중세 말 대규모 상행위를 하기 위해서는 국가로부터 특권을 부여받아야 했다. 이 과정에서 대상인들은 정부에 자금을 빌려주는 역할을 하게 되었고, 그 결과 사업과 정치가 긴밀하게 결탁하는 일이 벌어졌다.

이런 과정을 가장 극적으로 밟은 예가 바로 이탈리아 피렌체의 메디치(Medici) 가문이다. 메디치 가문은 14세기 후반부터 두각을 나타냈고, 로마 교황청의 외환거래를 전담하면서 빠르게 성장했다(심지어 217대 교황 레오 10세는 메디치 가문의 일원이기도 했다). 당시에는 금화, 은화, 금속 주화 등 다양한 주화가 공존했기에 장거리 무역이나 납세 업무 시 환전 절차로 골머리를 앓았는데, 메디치 가문이 교황청의 이러한 어려움을 덜어준 것이다.

특히 메디치 가문이 중시한 사업은 환어음 중개 업무였다. 여기서 환어음이란 중세의 치안 불안 및 부실한 도로망이 빚어낸 상품으로, 발행지가 아닌 제2의 장소에서 이를 소지한 사람(수취인)에게 여기에 적힌 액

로마 교황청의 외환거래를 전담하면서 빠르게 성장한 이탈리아 메디치 가문의 문장

수만큼 현금으로 지불하게 하는 일종의 명령서라고 할 수 있다. 예를 들어, 피렌체 상인들이 프랑스 동부 샹파뉴의 정기시(定期市)에서 현지 상인에게 모직물을 구입하고 물건 값을 화폐가 아닌 환어음으로 지불하는 경우가 많았다. 이때 환어음의 발행인은 피렌체 상인이고, 수취인은 현지 상인(지급인)이 지정하는 다른 도시에 사는 제3자가 되었다. 이 제3자는 물건 값에 해당하는 돈을 피렌체 상인의 대리인에게 지급받았다. 이런 식으로 피렌체 상인은 유럽 도처에 퍼져 있는 대리인망을 이용해 물건 값을 치렀고, 샹파뉴의 모직물 상인은 다른 도시에 사는 채무자에게 진 빚을 갚았다.

환거래는 상인들에게 여러모로 편리한 거래 방식이었다. 금화나 은화를 운반하는 데 드는 비용이나 위험을 감수할 필요가 없을 뿐만 아니라, 국제 무역을 하는 거대상인의 입장에서는 교환비율의 차이를 이용한 추가 이익까지 거둘 수 있으니 그야말로 일거양득이었다. 특히 당시 유럽은 국왕뿐만 아니라 자치 도시와 공화국들도 독자적인 화폐를 주조했기에, 상품 대금을 귀금속 화폐로 지불하기보다는 환어음을 발행해 채무와 채권을 각자의 장부에서 처리하는 게 편리했다.

그러나 이와 같은 환어음 거래는 큰 위험을 내포하고 있었다. 귀금속 화폐의 이동이 최소화되는 가운데 상거래가 이뤄지다 보니, 자연스럽게 외상 거래가 많았다. 사업에서 신용 및 외상 거래가 차지하는 비중이 높다는 것은 그만큼 사업 안전성이 부족하다는 말이다. 이 문제를 해결하기 위해 다수의 이탈리아 가문들은 위험을 서로 공동 분담하는 방법을 강구했다. 그러나 이런 위험 분산 방식은 사업상의 어려움을 극복하는 수단이기는 했지만, 큰 위기가 발생하면 다 함께 파산하는 결과를 낳기도 했다. 흑사병의 유행 혹은 프랑스나 영국 국왕의 파산 같은 충격이 발

1609년 세워진 암스테르담 은행이 있던 구 시청사

생하면, 그 여파는 이루 말할 수 없는 정도였다.

그렇다면 이런 문제를 어떻게 해결할 수 있을까? 다양한 통화를 수급에 따라 환전해주고, 자금이 시급하게 필요한 상인들에게 어음을 할인해주는, 신뢰할 수 있는 금융기관이 출현한다면 가능하지 않을까.

이를 역사상 처음으로 실현한 곳이 바로 암스테르담 시(市)이다. 시 당국은 네덜란드 연합 주에서 유통된 다양한 통화가 상인들에게 실무적인 문제를 초래하자 그에 대한 해법으로 1609년 암스테르담 은행(Amsterdamse Wisselbank)을 세웠다.

당시 네덜란드에는 서로 다른 조폐국이 14군데나 있었고, 유통된 외국 통화 규모도 어마어마했다. 암스테르담 은행은 상인들이 표준화된 통화로 예금 구좌를 개설하도록 하여 수표와 자동이체 시스템 등 오늘날 당연시 여겨지는 제도를 실행했다. 이러한 장치들 덕분에 상업 거래는 점차 실물 주화 없이도 가능해졌다.

그렇지만 암스테르담 은행은 현대적인 의미의 은행은 아니었다. 대출이 주된 목적이 아니었기 때문이다. 은행은 사람들에게 여전히 낯선 것이었기에 언제 망할지 모르는 위험한 존재로 여겨졌다. 아무리 정부가 세운 것이라 하더라도 '언제든 돈을 찾을 수 있다'는 확신이 없다면 은행에 돈을 예치하려 들지 않았다. 그래서 암스테르담 은행은 예금이 유입되면 이를 운용하기보다 신뢰받는 자산인 귀금속으로 바꿔 100% 가까이 지급준비금으로 비축해 두었다. 1760년 예금이 1,900만 플로린(Florin)에 가까웠을 때, 지급준비금으로 비축한 귀금속은 1,600만 플로린을 넘어섰다. 어떤 이유로든 예금자들이 현금을 동시에 요구해온다 해도, 암스테르담 은행은 거의 모든 예금자에게 지급할 수 있을 정도로 현금이 충분했던 것이다.

〈도표 1-5〉 암스테르담 은행 설립을 전후한 네덜란드 1인당 국민소득 추이

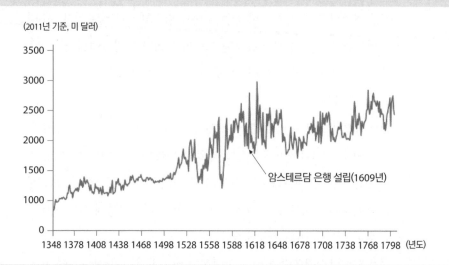

(2011년 기준, 미 달러)

암스테르담 은행 설립(1609년)

출처: Maddison Project.

맬서스 함정(Malthus Trap)에 갇힌, 다시 말해 1인당 생산성 향상 속도가 연 0.1%에도 미치지 못하던 전근대 사회에 인구의 증가는 곧 저주였다. 한 정된 토지에 인구가 늘면 1인당 소득이 감소할 수밖에 없기 때문이다. 그 러나 15세기 이후 네덜란드는 1인당 국민소득이 나폴레옹 전쟁 이전까지 는 크게 줄어들지 않았다. 농업 생산성 향상, 해외시장 개척 그리고 선진 적인 금융시스템 정착이 이런 기적 같은 성과를 만들어냈다고 볼 수 있다.

피렌체에서 통용되던 금화, 플로린의 뒷면

그러나 대출 기능이 없었다고 해서 암스테르담 은행의 존재를 무시해서는 안 된다. 무엇보다 나라가 세운 은행의 존재는 상거래의 편리함을 극도로 높였다. 자신의 계좌가 '망하지 않는' 국책 은행에 있고, 이를 이용해 자유롭게 상거래를 하고, 다양한 통화를 믿을 수 있는 조건에 환전할 수 있다는 것은 다른 경쟁 국가에 비해 압도적인 우위를 제공하는 일이라 할 수 있다. 메디치 가문이 교황과 연계된 권력과 넓은 지점망을 이용해 일세를 풍미했다면, 암스테르담 은행은 '시스템'을 만듦으로써 은행업을 한 단계 올려놓았던 셈이다. 17세기 세계 경제의 패권을 네덜란드가 잡은 데에는 이와 같은 금융 혁신이 영향을 미쳤음은 물론이다.

다음 장에서는 영국이 어떻게 네덜란드를 추격했는지 살펴보자.

참고 자료

주경철, 최갑수, 이영림, 『근대 유럽의 형성』, 까치(2011), 73쪽.
페르낭 브로델, 『물질문명과 자본주의 읽기』, 갈라파고스(2012), 64~66쪽.
서울경제(2016.11.22), "그들만의 '희망봉'".
남종국, 『이탈리아 상인의 위대한 도전』, 엘피(2015), 185~186쪽.
니얼 퍼거슨, 『금융의 지배』(EPUB), 민음사(2016), 48쪽.
찰스 P. 킨들버거, 『경제 강대국 흥망사 1500-1990』, 까치(2004), 160쪽.
홍춘욱, 『잡학다식한 경제학자의 프랑스 탐방기』, 에이지21(2018), 183쪽.
Bolt, J. and J. L. van Zanden(2014), "The Maddison Project: collaborative
    research on historical national accounts", The Economic History
    Review, 67(3): 627~651쪽.

6장

메리 포핀스와 뱅크런 이야기

앞에서 네덜란드의 암스테르담 은행 이야기를 하면서 '대출 기능이 없는 은행'이라는 표현을 썼는데, 이는 당시 은행이 가지고 있는 제도적 한계 때문이다. 어릴 때 재미있게 읽었던 책, 『메리 포핀스』에 다음과 같은 대목이 나온다.

메리 포핀스를 유모로 고용한 뱅크스는 이름처럼 실제 은행가로, 도스 톰스 모슬리 그룹스 성실 투자은행의 중역이다. 하루는 아이들을 자신의 직장인 은행에 데려갔는데, 회장 도스가 뱅크스의 아들 마이클에게 용돈 2펜스를 예금하라고 강권한다. 하지만 그 돈으로 은행 밖에 있는 비둘기에게 줄 모이를 사고 싶었던 어린 마이클은 도스에게 "돌려주세요! 내 돈 돌려주세요!"라고 외쳤고, 은행에 있던 일부 고객들이 마이클의 외침을 듣고는 예금을 인출하기 시작한다. 곧바로 다수의 예금자들이 똑같은 일을 벌이자, 은행은 예금 지불을 중단한다. 뱅크스는 당연히 해고되고 "인생의 전성기에 터무니없는 일이 터졌다."라며 한탄한다.

이 짧은 일화에서 확인할 수 있듯, 은행에 대한 신뢰 수준이 낮을 때 예금을 맡긴 사람들은 항상 '예금을 제때 찾지 못할 수 있다'는 공포를 가지고 있다. 그리고 당시에는 '예금보험제도'가 없었기에, 사람들이 일거에 예금을 찾으면 은행은 '지급 불능' 상황에 빠질 수 있었다. 이런 현상을 흔히 '뱅크런(Bank Run)'이라고 부른다. 우리도 2010~2012년 저축은행 구조조정 당시, 자신의 예금을 인출하기 위해 끝없이 줄지어 선 행렬을 목격한 바 있다.

이 공포가 제거되지 않는 한, 은행업은 불안정한 상태에 놓일 수밖에 없다. 이 문제를 어느 정도 해결한 것이 1659년 스웨덴 정부에 의해 설립된 릭스방크(Riksbank)였다. 이 은행은 암스테르담 은행과 동일한 기능을 수행하면서, 상업 결제 못지않게 대출 활동도 활발히 했다. 실제 금이나 은 같은 귀금속 준비금 이상의 수준으로 대출해주었는데, 이는 충분히 신뢰를 쌓는다면 예금자들이 한꺼번에 몰려와 예금을 인출하는 일은 웬만해서는 발생하지 않는다는 사실에 근거한 것이었다. 물론 '정부가 설립'한 은행의 특성을 지니고 있었기에 가능한 일이기도 했다.

릭스방크의 이러한 개혁은 영국 중앙은행인 영란은행(英蘭銀行, Bank of England)에 의해 꽃피우게 된다. 명예혁명으로 국왕 자리에 오른 윌리엄 3세는 1694년 영란은행의 설립을 허가했다. 영란은행은 설립 당시 정부에 대한 대출을 대가로 화폐 발행권을 부여받았다.(참고로 영란은행의 주주는 당시 은행 역할을 하던 금 세공업자들이었다.)

이는 매우 가치 있는 특권이었다. 은행권은 발행한 은행의 입장에서는 부채일지 모르지만, 이자 지급이 필요 없는 데다 발행한 은행권에 대해 금과 은의 형태로 100% 지급 준비를 하지 않을 경우에는 막대한 주조차익(鑄造差益, Seigniorage)이 발생하기 때문이다. 시간이 지나면서 영란은행은 정부와의 특수한 관계로 인해 권한이 더욱 커졌고, 1844년에는

1876년 1월 25일 발행된 영란은행의 은행권

필 조례(Peel's Bank Act)라 불리는 은행법에 의해 은행권 발행을 독점하면서 명실상부한 중앙은행이 되었다.

영국 정부는 기존에 발행했던 부채를 영란은행 주식과 교환했다. 정부의 부채를 영란은행에 떠넘긴 셈이다. 물론 영란은행은 은행권 발행에 따른 차익으로 주식 보유자들에게 배당금을 지급했고, 영국 정부에게는 대출해줌으로써 이자 차익을 얻을 수 있었다. 〈도표 1-6〉에 나타난 것처럼 영란은행의 국내총생산(GDP) 대비 자산 비중은 1730년에 이미 20% 선을 넘어섰다. 영국 정부는 정기적으로 국채를 발행해 저금리에 자금을 조달했고, 시장금리가 급등하거나 채권 발행이 여의치 않을 때는 영란은행에게 자금을 빌리는 식으로 손쉽게 자금을 조달할 수 있었다.

물론 영국 정부가 영란은행에서 빌린 돈을 갚지 않으면, 그리고 영란은행이 은행권을 금과 제때 교환해주지 못하면 한순간에 신뢰가 무너질 수 있었다. 그러나 다른 유럽 국가에 비해 영국의 조세 시스템은 매우 건전한 편이었다. 엘리자베스 1세의 통치 기간(1558~1603년) 중에는 왕실 수입이 국민총생산의 2%를 초과한 적이 없었지만, 명예혁명(1688년) 이후 영국 정부의 세금 수입은 급격히 증가했다. 정부 총지출의 국민소득에 대

〈도표 1-6〉 영란은행(Bank of England)의 자산 추이

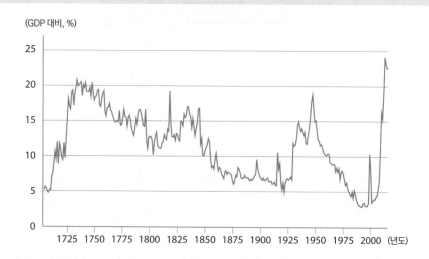

은행의 자산은 대부분 대출로 구성된다. 중앙은행의 자산 또한 은행들에 대한 일부의 대출 이자를 제외하면 정부에 대한 대출 이자가 대부분을 차지하기 마련이다. 전쟁이 빈발하던 시기에 영란은행의 자산이 급격히 증가하는 것을 발견할 수 있는데, 이는 정부가 전쟁 자금 조달을 위해 대출을 늘렸기 때문이다.

한 비율은 1680년대 중반 4% 이하에서 18세기 전쟁 기간 중 17~20%까지 치솟았다.

위기가 없었던 것은 아니다. 18세기 말부터 이어진 나폴레옹 전쟁으로 영란은행도 힘든 시기를 보내야 했다. 나폴레옹이 사실상 유럽 전역을 장악하면서, 영국에서도 금값이 상승하기 시작했던 것이다. 명예혁명 이후 권력을 잡은 윌리엄 3세와 그의 정부가 파운드(=은행권)와 금의 교환비율을 고정시켜 놓았음에도, 금값 상승으로 인해 금융 시스템에 대한 불신이 높아지는 것은 어쩔 수 없었다. 그러나 1장에서 살펴보았던 것처럼, 넬슨 제독과 웰링턴 공작이 결정적인 승리를 거두면서 영란은행이 발행한 은행권의 가치는 다시 안정화되었다.

이 대목에서 한 가지 궁금증을 느끼는 독자들이 있을 것이다. 한때 유럽 대륙을 제패했고 영국보다 네덜란드와 더 인접했던 프랑스는 왜 중앙은행 시스템을 제때 만들지 못하고 '패배자'의 자리에 앉고 말았을까? 다음 장에서는 이 의문을 풀어보자.

참고 자료

권홍우,『부의 역사』, 인물과사상사(2008), 101쪽.

니얼 퍼거슨,『금융의 지배』, 민음사(2016), 13, 54, 58~59쪽.

피터 L.번스타인,『황금의 지배』, 경영정신(2001), 315, 331쪽.

찰스 P. 킨들버거,『경제 강대국 흥망사 1500~1990』, 까치(2004), 220쪽.

니얼 퍼거슨,『현금의 지배』, 김영사(2002), 105쪽.

이찬근,『금융경제학 사용설명서』, 부키(2011), 81쪽.

7장
스코틀랜드의 사기꾼 존 로와 프랑스의 몰락

세계적인 경제사학자, 찰스 P. 킨들버거(Charles P. Kindleberger)는 세계의 주요 강대국들이 어떻게 패권을 잡고 또 놓치게 되었는지를 설명하면서 프랑스를 '영원한 도전자'라고 지칭했다. 많은 인구와 넓은 국토 그리고 강력한 군사력을 가지고 있었음에도 단 한 번도 세계사의 중심에 서지 못한 프랑스를 표현하기에 이 말이 가장 적합하다고 생각했던 것 같다. 그도 그럴 것이 16세기에는 스페인이 패권 국가의 자리를 움켜쥐었고, 17세기에는 네덜란드가 암스테르담 은행과 동인도회사라는 신무기를 내세워 세계의 바다를 호령했으며, 18~19세기에는 영국이 무적 해군을 앞세워 '해가 지지 않는 제국'을 건설한 반면 프랑스는 항상 2인자에 머물렀다.

왜 프랑스는 2인자의 신세를 벗어나지 못했을까? 여러 이유가 있겠지만, 돈이 없고 신용도가 바닥 수준이었던 탓이 가장 크다. 프랑스 왕실은 1559년, 1598년, 1634년, 1648년, 1661년, 1698년, 1714년, 1721년, 1759년, 1770년, 1788년에 채무의 전부 혹은 일부를 이행하지 않았다.

루이 16세가 1789년 프랑스 대혁명의 계기가 된 삼부회*를 소집한 것도 재정난을 해결하여 채무불이행을 피하기 위함이었다.

물론 역대 프랑스 왕들이 거대상인들의 재산을 털어먹을 목적으로 채무불이행을 밥 먹듯 했던 것은 아니다. 채무불이행이 반복되면 채무 이자율이 올라갈 뿐만 아니라, 돈을 아예 빌리기 어려워질 수 있다.

대혁명 전야에 발간된 〈1788년 국고 회계 보고서〉에 따르면, 프랑스 왕실은 지출이 6억 3천만 리브르인 데 반해, 수입이 5억 3백만 리브르에 그쳐 약 20%에 이르는 막대한 적자를 기록했는데, 부채에 대한 과다한 이자 지급 부담이 적자의 원인이었다. 당시 이자 지급 비용은 전체 예산의 약 절반에 해당하는 3억 2천만 리브르에 이르렀다.

프랑스 왕실이 거대한 부채에 허덕인 건 '전쟁' 때문이었다. 특히 프랑스가 미국독립전쟁(1775~1783년)에 참여하는 데 무려 20억 리브르의 자금을 써, 1789년 대혁명 전야 당시 통화량은 25억 리브르인 데 반해 왕실의 총 부채는 50억 리브르에 달했다. 하지만 부채를 메우기 위해 세금을 더 거둘 수도 없었다. 역사학계의 추정에 따르면, 프랑스의 국민소득에 대한 조세 부담 비율은 1683년 31%에 달했으며 1789년에는 38~40%에 이르렀다. 게다가 특권 계급은 전혀 세금을 내지 않은 반면, 근로대중(勤勞大衆)의 세부담만 높아지고 있었기에 더 이상의 증세는 무리였다. 특히 1679년 프랑스 상공업에서 핵심적인 기능을 수행하던 위그노(신교도)에 대해 차별적으로 세금을 부과한 데 이어, 1685년에는 종교의 자유를 부

---

* 프랑스 삼부회는 성직자, 귀족, 평민의 세 신분 대표로 구성된 회의로 국왕 자문 기관 역할을 했다. 하지만 내부에서 평민 대표와 보수적인 귀족 대표 사이에 대립이 자주 되풀이되었다. 16세기 전반에는 삼부회 소집이 비교적 적었으며, 1614년 매관제(賣官制) 폐지가 논의된 이후 170년간 한 번도 소집되지 않았다. 그러다 1789년 5월, 루이 16세가 재정 문제에 고심하다 오랜만에 삼부회를 재개했고, 토의 형식과 투표 방식 때문에 또다시 심각한 의견 대립이 발생하였는데, 이는 프랑스 혁명의 도화선이 되었다.

여했던 이른바 '낭트칙령'을 폐지하면서 약 150~200만에 달하던 위그노의 상당수가 프랑스를 떠나 경제에 활력이 크게 떨어진 상황이었다.

이 상황에서 프랑스 왕실에게 남은 대안은 다음의 두 가지였다. 하나는 삼부회를 소집해 특권 계급에게도 세금을 부과하는 것이었고, 다른 하나는 영란은행처럼 정부에게 돈을 빌려주는 중앙은행을 설립하는 것이었다. 전자의 대안은 귀족과 성직자들이 강력히 반발할 게 뻔했기에, 중앙은행을 설립하는 게 최선책이었다.

이때 나타난 사람이 바로 스코틀랜드 출신의 사기꾼, 존 로(John Law)였다. 존 로는 스코틀랜드의 금 세공업자 집안에서 태어났는데, 결투로 사람을 죽이고 유럽 대륙으로 도망쳐 나왔다가 루이 15세의 섭정인 오를레앙 공 필리프 2세를 만나 중앙은행 설립 업무의 주역이 된다. 존 로의 구상은 매우 혁신적이었다. 존 로는 왕립은행을 설립하여 정부가 화폐 발행을 독점하라고 조언했는데, 이는 영국 영란은행이 설립 이후 점진적으로 확장해왔던 일을 단기간에 추진하라는 이야기였다.

스코틀랜드 출신 사기꾼, 존 로

하지만 프랑스 왕실이 수차례 파산을 선언하고 이자 지급을 중단했던 전력이 있던 터라, 중앙은행을 설립하여 지폐를 발행한다고 해서 민간에 통용될지 장담할 수 없었다. 이 문제를 해결하기 위해 존 로가 들고 나온 대안이 바로 '미시시피 회사(Mississippi Company)'였다. 미시시피 회사는 프랑스가 가지고 있던 모든 해상의 상업적 권리를 독점하는 한편, 1720년 왕립은행과 합병해 중앙은행이 된다. 한 마디로 미래가 창창한 미시시피 회사가 중앙은행이니, 중앙은행이 발행한 지폐는 금과 다름 없는 가치를 지닌다고 주장한 셈이다.

시작은 좋았다. 프랑스 정부는 화폐를 찍어내어 정부가 지고 있던 부채를 일소했고, 프랑스 사람들은 미시시피 회사의 주식 가격이 급등함에 따라 '장밋빛 미래'에 대한 환상을 품기 시작했다. 1719년 여름 3천 리브르였던 미시시피 주식 가격은 1720년 초 무려 1만 리브르까지 상승했다. 그러나 모든 '주식 작전'의 끝은 비슷하다. 끝까지 동업자들이 함께 하면 좋겠지만, 남들보다 먼저 차익을 실현하는 배신자가 나오기 마련이다.

그런데 첫 번째 배신자가 다름 아닌 오를레앙 공을 비롯한 프랑스 왕실 인사들이었기에, 파국은 순식간이었다. 1720년 여름이 되자 미시시피 회사의 주가는 3천 리브르 밑으로 추락했고, 이후 거래마저 중단되었다. 결국 1720년 말 오를레앙 공은 존 로를 중앙은행장 자리에서 해임했고, 프랑스에 중앙은행을 만들려는 시도는 무산되고 말았다. 물론 프랑스 국왕은 미시시피 회사 주식을 처분하는 한편, 인플레를 자극해 실질적인 부채의 부담을 덜 수 있었다. 반면 프랑스 국민들은 큰 손실을 입었을 뿐만 아니라, 국가가 주도하는 은행과 지폐에 강한 불신을 가지게 되었다.

〈도표 1-7〉 1720년을 전후한 미시시피 회사의 주가 흐름

출처: Rik Frehen, William N. Goetzmann and K. Geert Rouwenhorst(2013).

〈도표 1-2〉의 동인도회사 주가와 정반대의 모습을 보여준다. 꾸준히 상승하기보다 급등한 다음, 고점에서 변동성이 크게 확대되어 폭락하는 전형적인 '버블 붕괴' 혹은 '작전 실패'의 패턴을 보이고 있다. 내부자들의 매도에 의해 고점을 형성한 다음 수직 하락한 뒤에 제대로 반등조차 이뤄지지 못하는 모양새다.

결국 프랑스가 16세기 이후 내내 2등 국가의 자리를 벗어나지 못했던 결정적인 이유는 '재정전쟁'에서의 패배로 볼 수 있다. 프랑스 대혁명 이후 권력을 잡은 나폴레옹은 교회 소유의 자산을 매각하고 새로운 통화를 도입하는 한편 네덜란드와 이탈리아의 납세자를 쥐어짰지만, 프랑스 국채금리는 6% 밑으로 떨어지지 않았다. 19세기 초 프랑스 장기공채의 평균금리는 영국 국채에 비해 항상 2% 이상 높았다. 결국 프랑스 군대가 유럽 전역에서 '약탈'로 악명을 떨치고, 피정복 국가의 지속적인 반발에 부딪힌 데에는 '부실한 재정'이 배경으로 자리 잡았던 셈이다.

　　산업혁명 이전의 유럽 이야기는 이쯤에서 마치고, 이제 시선을 같은 시기의 동아시아로 돌려보자.

참고 자료

찰스 P. 킨들버거, 『경제 강대국 흥망사 1500~1990』, 까치(2004), 177~178쪽.

찰스 P. 킨들버거, 『광기, 패닉, 붕괴 금융위기의 역사』, 굿모닝북스(2006), 308~309쪽.

Rik Frehen, William N. Goetzmann and K. Geert Rouwenhorst, 『New Evidence on the First Financial Bubble』, Journal of Financial Economics, Volume 108, Issue 3, June 2013, 585~607쪽.

니얼 퍼거슨, 『현금의 지배』, 김영사(2002), 154쪽.

알베르 소불, 『프랑스 혁명사』, 교양인(2018), 119~120쪽.

니얼 퍼거슨, 『니얼 퍼거슨의 시빌라이제이션』, 21세기북스(2011), 269~270쪽.

홍춘욱, 『잡학다식한 경제학자의 프랑스 탐방기』, 에이지21(2018), 149~151쪽.

1부로부터 얻은 교훈
금리가 높은 나라는 투자처로 적합하지 않을 때가 많다

스페인과 프랑스 그리고 네덜란드 등 유럽의 여러 나라 역사를 살펴보면 한 가지 시사점을 얻을 수 있다. 네덜란드와 영국 등 인구도 적은 나라가 패권을 잡을 수 있었던 가장 큰 이유는 '신뢰'를 얻어 국민들로부터 낮은 금리에 자금을 조달할 수 있었던 데 있다.

이 대목에 한 가지 의문이 제기된다. 영국의 예금자 그리고 채권 투자자들은 어땠을까?

1부의 글을 읽어본 독자라면 누구나 알듯, 영국의 예금자들도 행복했다. 은행에 예금한 돈이나 매입한 정부의 국채를 '떼일 가능성'이 매우 낮다고 생각할 수 있었으니 말이다. 자신이 보유한 청구권(은행 예금이나 채권 등에 대한)이 안전하다고 느낄 때 낮은 금리에도 만족하기 마련이다. 그러나 자신이 보유한 채권의 원금을 돌려 받지 못할 것이라는 공포가 있다면, 낮은 금리로는 만족할 수 없다. 즉 '리스크 프리미엄'이 붙는 것이다.

〈도표 1-8〉은 미국 회사채(BBB 등급)의 가산금리(기준금리에 신용도 등의 조건에 따라 덧붙이는 금리)를 보여주는데, 불황 때마다 가산금리가 급격히 높아

지는 것을 발견할 수 있다. 참고로 회사채 등급은 신용도가 가장 높은 AAA 등급부터 이미 파산한 채권인 CCC까지 다양하다. BBB 등급은 신용평가회사들이 부여하는 채권 등급에서 일종의 '경계'에 해당하는데, 이는 신용평가회사들이 BBB⁻ 등급까지를 이른바 '투자 적격 등급'이라고 부르기 때문이다. 다시 말해 BBB⁻ 등급 아래, 예를 들어 BB나 B 등급의 채권은 '투자 부적격 등급' 혹은 '투기 등급' 채권이라고 불린다. 당연한 일이겠지만 등급이 낮은 채권일수록 불황이 올 때 부도 가능성이 높아지기에, 회사채 인기가 떨어질 수밖에 없고 더 높은 금리를 제시하지 않으면 채권이 팔리지 않는다.

18세기 프랑스와 스페인 정부가 발행한 채권 금리가 높았던 이유는 이것이다. 신용등급이 부여되지는 않았지만, 부도가 빈번하게 발생했다는 점에서 신용도가 낮은 회사채와 다를 게 없었다. 국가나 개인의 신용도가 낮을 때, 금리는 높아진다. 그리고 금리가 높은 나라(또는 기업이나 개인)일수록 불확실성이 높으며 자본시장이 발달되지 않았다고 볼 수 있다.

이런 현상을 가장 잘 보여주는 예가 전근대 사회 조선이다. 경상도 경주의 주요 가문이 주변 지인 혹은 소작인들에게 돈을 빌려준 족계(族契)/동계(洞契)의 이자율은 17세기 말부터 1910년까지 50%를 유지했다. 또한 전라도 영암에서는 1740년대에 40%, 18세기 말에는 30%, 19세기 중엽에는 35~40%를 기록했다. 조선 후기 이자율이 높았던 건 조선 사람들이 남의 돈을 돌려주지 않는 심성을 가지고 있었기 때문이 아니다. 자본축적이 어렵다 보니 돈을 빌려주는 사람도 많지 않았고, 근대적 사회 구조를 가지고 있지 못했기에 채무를 갚지 않고 도주한 이들을 제재할 방법도 별로 없었던 데 있다. 이 점은 스페인이나 프랑스 왕가도 비슷하다. 이 나라의 왕들은 자국 내 저축이 부족해 다른 나라 은행가들로부터 돈

〈도표 1-8〉 미국 회사채 가산금리(BBB등급) 추이

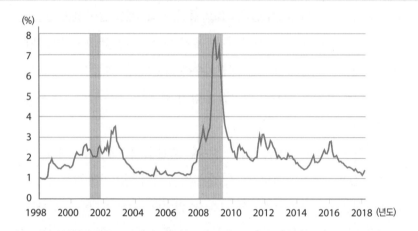

출처: 미국 세인트루이스 연방준비은행(https://fred.stlouisfed.org/series/BAMLC0A4CBBB)
주: 음영으로 표시된 부분은 전미경제분석국(NBER)에서 '불황'으로 판별한 시기임.

국제 금융 시장에서는 '지표 채권(Benchmark Bond)'이 존재하지 않지만, 한 국가 내에서는 정부가 발행한 국채가 다른 채권의 금리를 평가하는 기준이 된다. 동일 만기 국채에 비해 회사채(여기서는 BBB 등급) 금리가 얼마나 더 높은지를 보여주는 가산금리의 변화는 경제 활동 참가자들의 심리를 매우 잘 나타낸다. 가산금리가 높아질 때는 경기가 나빠지며 원금이나 이자 지급을 제때 하지 못하는 기업들이 늘어날 것이라는 시장 참가자들의 우려가 반영된다고 볼 수 있다.

을 빌려야 했고, 이들이 빈번하게 파산하더라도 제재할 방법이 없었기에 가산금리가 높았다.

이상의 교훈을 '투자'의 영역에 적용하자면, '금리가 높은 데에는 다 이유가 있다'는 것을 알 수 있다. 터키나 브라질 등의 신흥국이 발행한 국채, 혹은 우리나라 내에 신용등급이 낮은 기업들이 발행한 회사채의 금리가 높은 것은 타당한 이유가 있다는 이야기다. 물론 호시절에는 고금리 채권을 선호하는 투자자들이 늘고 이 채권의 인기가 높아지기도 한다. 그러나 2000년이나 2008년처럼, 경기가 악화될 때는 첫 번째 자금 회수 대상이 될 수 있다는 점을 잊지 말자.

참고 자료

에스와르 S. 프라사드, 『달러 트랩』, 청림출판(2015), 74쪽.
나카무라 사토루, 박섭, 『근대 동아시아 경제의 역사적 구조』, 일조각(2007),
    39~40쪽.

2부

대항해시대로 열린
'글로벌 경제'

The History of Money

1장
명나라 때 왜구가 창궐한 까닭은?

스페인 사람들이 아메리카 대륙을 정복하고 엄청난 횡재를 얻은 일은 비단 유럽과 아메리카 사람들의 삶만 바꾼 게 아니다. 어쩌면 유럽보다 중국과 일본을 중심으로 한 동아시아 사회가 더 큰 영향을 받았을지도 모른다. 1492년 콜럼버스가 신대륙을 발견하기 직전, 중국의 명나라는 다양한 종류의 주화를 은으로 대체하기 시작했다. 이른바 만력제(萬曆帝, 재위 기간 1572~1620년) 집권 초기에 명재상 장거정(張居正)이 단행한 일조편법(一條鞭法)이다. 장거정이 추진한 이 개혁의 핵심은 각종 세금을 토지세 하나로 단순화하는 한편, 세금을 모두 은으로 받는 것이었다. 토지세로 세목을 단순화하면서 전국적인 토지 조사도 함께 이뤄졌는데, 이때 지방의 지배계층이 세금을 내지 않기 위해 은폐한 토지를 대거 찾아내 과세 대상에 포함하여 나라 재정도 크게 호전되었다.

명나라는 가정제(嘉靖帝, 재위 기간 1521~1566년) 때부터 계속되는 전쟁의 수렁에 빠져 있었기에 조세 개혁은 그야말로 시급한 과제였다. 이 대목에서 조금 첨언하자면, 송나라와 명나라 등 중국 한족(漢族)이 건국한 나라는 항상 외세의 침략으로 고통 받았다. 이들의 국력이 약했다기보다, 주변 민족이 비대칭 전력, 즉 기마병과 날렵한 함대를 갖춘 데서 비롯된다. 가정제 때, 명나라는 역사상 최악의 왜구 침탈을 경험했는데, 이를 '가정대왜구(嘉靖大倭寇)'라고 부른다.

하필 왜 이 시기에 왜구의 침탈이 집중됐는지에 대해 오랫동안 논쟁이 지속되었는데, 최근 발표된 연구에 따르면, 이 시기 해적의 명칭은 '왜구'이지만 구성원 대부분은 일본인이 아닌 중국 상인들이었다고 한다. 특히 수백 척의 선박과 십만 명 이상의 선원을 휘하에 두었던 해적왕 '왕직' 역시 중국 출신으로 스스로를 해상(海商)이라고 불렀다. 따라서 '가정대왜구'는 일본인의 침략이라기보다 일차적으로 중국인들 사이의 문제였다.

그럼 왜 이 사람들은 자신의 모국인 명나라를 대상으로 해적질을 했을까? 그 이유는 당시 명나라의 정책 변화에 있다. 중국은 전통적으로 무역을 장려하여 7세기 이후 우리나라, 일본, 동남아시아, 아랍 등과의 해양 무역이 번성하였는데, 명나라를 세운 홍무제(洪武帝, 재위 기간 1368~1398년)가 건국 직후 해금(海禁) 조치를 취한다. 하지만 이때만 해도 대외적으로 쇄국을 이야기한 것일 뿐, 해양 무역은 암묵적으로 계속 진행되었다. 특히 영락제(永樂帝, 재위 기간 1402~1424년) 연간에 이뤄진 정화의 대원정 경험까지 쌓이며 명나라는 실질적으로는 상당한 규모의 무역을 진행했다. 그런데 가정제가 해금 정책을 엄격하게 시행하면서, 수백 척의 무역 선박을 파괴하고 밀수상인들을 처형한 것이다.

가정제가 갑자기 밀무역에 대해 엄격한 통제에 나선 이유에 대해서는 여러 의견이 있는데, 서양 세력이 남중국해에 나타난 것이 경계심을 불러일으켰다는 해석이 가장 유력하다. 포르투갈 함대가 남쪽에 나타나 본격적으로 약탈을 시작한 데다가, 전국시대(戰國時代) 일본의 지방 영주들이

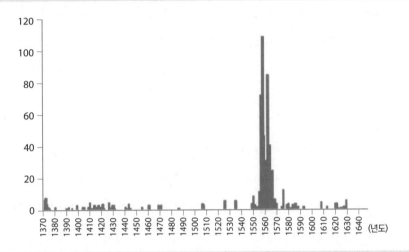

출처: 바다소리(2018.6).

중국은 이른바 북로남왜(北虜南倭)로 큰 고통을 받았다. 북쪽의 기마민족들은 이상기후로 굶주릴 때면 남쪽의 농경민족을 약탈함으로써 위기를 해결하려 했고, 남쪽의 해양민족들은 통상을 요구하다가 잘 통용되지 않을 때면 왜구로 돌변하였다. 특히 13~14세기의 왜구 침입은 일본 등 해양민족이 주도한 반면, 16세기 중반의 제2차 왜구 침입은 무역 기회를 잃어버린 중국인들이 적극적으로 참여하여 이뤄졌다는 분석이 최근 제기되었다.

중국에 교역을 요구하며 행패를 부린 사건까지 벌어지자 전면적인 통제를 주장하던 사람들의 기세가 높아진 것이다.

해금 정책 시행 직후, 일시적으로 밀무역이 위축되었으나 이를 계속 억누를 수는 없었다. 무엇보다 포르투갈을 비롯한 해외 세력은 중국의 산물을 간절하게 원했으며, 중국 무역상들은 수십 아니 수백 년 동안 해오던 '생업'이 끊기자 어려움을 겪다 해적으로 나서는 등 중국 동남해안은 통제 불능의 상태가 되었다. 명나라의 명장 척계광(戚繼光)의 혁신적인 전략으로 왜구 창궐은 어느 정도 막을 수 있었지만 완전히 뿌리 뽑을 수는 없었다.

결국 가정제가 사망한 후 1567년 황제로 등극한 융경제(隆慶帝, 재위 기간 1567~1572년)가 복건성의 장저우(漳州)항을 개방하는 한편, 해외에 나간 중국인들이 무역하고 돌아오는 것을 허용하기에 이르렀다. 또 지방정부가 포르투갈 사람이 마카오 땅을 조차(租借)하는 것을 승인한 것을 계기로 왜구의 습격도 급격히 감소하였다. 그러나 왜구로 인해 비옥했던 강남 지역이 초토화되고, 북방 정세가 계속 악화되면서 명나라의 재정 부담은 더 이상 견디기 힘든 수준에 도달했다.

장거정의 개혁은 국가 위기 국면에서 이뤄진 셈이다. 그는 다양한 세목을 통합해 토지세로 단일화하는 한편, 세금을 쌀과 같은 현물에서 은으로 납부하도록 했다. 만주와 산시성 같은 북방에서 전쟁을 치르는데, 남방에서 쌀로 세금을 거둔들 이를 다시 은이나 금으로 바꾼 다음 현지 상인에게 지급해야 했으니 비용 중복이 발생해 비효율적이었던 데다, 화폐 경제가 발달하면서 사람들이 은으로 세금을 내는 것을 훨씬 편하게 여긴 점이 개혁의 원인이 되었다.

그러나 이 제도도 문제가 없는 것은 아니었다. 앞서 15세기 유럽의 금

일조편법을 시행한 명나라 정치가, 장거정

공급 부족 사례에서 다루었던 것처럼, 귀금속 화폐를 사용할 때 가장 중요한 것은 안정적인 '공급'이다. 만에 하나 은이 부족해 공급에 차질이 생길 경우에는 경제 전체에 급격한 디플레 위험이 발생한다. 다시 말해 돈의 가치가 상승할 가능성이 높아져, 저축 성향이 높아지며 경제 전반에 강력한 경기 위축이 발생하게 되는 것이다. 물론 중앙은행이 있다면, 즉각 금리를 인하하는 등의 경기부양 조치를 취할 수 있겠지만 안타깝게도 네덜란드의 암스테르담 은행 설립(1609년) 이전까지는 세계 어디에도 이런 역할을 할 중앙은행은 존재하지 않았다.

참고 자료

바다소리, "명나라 시기 무역의 억압과 왜구의 창궐", 2018. 6.

미야자키 이치사다, 『중국통사』, 서커스출판상회(2016), 448~450쪽.

임용한, 『명장, 그들은 이기는 싸움만 한다』, 위즈덤하우스(2014), 247쪽.

2장
아메리카 대륙의 은, 중국으로 유입되다

　역사 공부를 하다 보면 '운명'이라는 것을 가끔 느낄 때가 있는데, 16세기 중국과 스페인의 만남이 그렇다. 중국이 일조편법이라는 역사적인 개혁을 단행한 후 '은화 부족' 사태를 겪고 있을 때, 스페인이 멕시코와 페루에서 노다지를 발견했으니 말이다.

　멕시코에서 출발한 스페인의 대규모 선대가 필리핀을 거쳐 중국에 도달한 다음, 도자기나 비단 구입 대금으로 은화를 지불함으로써 중국의 귀금속 부족 문제가 해결된다. 일부 역사가들이 아메리카에서 유럽으로 들어온 은의 대부분이 중국으로 이동했다고 주장할 정도이니, 얼마나 많은 은이 중국에 유입되었는지 짐작할 수 있을 것이다.

　이 대목에서 한 가지 의문이 제기된다. 유럽에서 중국산 제품의 인기가 높았던 것은 사실이지만, 아메리카에서 생산된 은의 대부분이 중국으로 유입될 정도로 수요 기반이 마련되기는 힘들기 때문이다. 이에 대해 역사학자들은 '은과 금의 교환비율'에 주목해야 한다고 말한다. 즉, 다른 지역에 비해 중국이 은의 가치를 높이 쳐주었다는 것이다. 〈도표

2-2〉에 표시된 것처럼, 16세기에 금과 은의 교환비율을 보면 유럽에서는 대체로 1대 12 수준이었던 반면, 중국에서는 1대 6 수준이었다. 은의 가치가 유럽보다 중국에서 2배가량 높았으므로, 유럽 사람들은 은을 중국으로 가져가기만 해도 큰 이윤을 남길 수 있었다.

이런 현상이 벌어진 이유는 두 가지인데, 하나는 아메리카 대륙의 사카테카스와 포토시에서 역사상 최대 규모의 은 광맥이 발견된 것을 들 수 있으며, 또 다른 요인으로는 동아시아에서 상대적으로 금이 많이 생산됐다는 점을 들 수 있다. 가장 대표적인 경우가 일본의 사도 금광으로, 여러 역사 기록에 따르면 금의 연 생산량이 6~9만 킬로그램에 이를 정도였다고 한다. 물론 유럽에서 중국으로 은이 대대적으로 이동함에 따라 금과 은의 교환비율은 서서히 좁혀지기는 했지만, 이동에 필요한 시간과 높은 비용 등으로 인해 증기선의 발명이 이뤄지기 전까지는 여전히 꽤 큰 차이를 보였다.

19세기 전신(傳信) 개통을 전후하여 대서양을 사이에 둔 두 대륙 간의 면화 가격 조정 사례에서 보듯, 전근대 사회에서 정보는 매우 폐쇄적으로만 유통되었다. 미국 뉴욕항의 면화 수출업자들은 핵심 면직물 공업 지역이었던 영국 리버풀의 시장 상황에 민감했음에도, 당시 리버풀 뉴스가 인쇄된 신문이 증기선에 실려 뉴욕항에 도착할 때까지 시황에 깜깜할 수밖에 없었다. 대서양을 거쳐 뉴스가 전달되는 데 7~15일 정도가 소요되었다고 한다. 그래서 원칙적으로는 뉴욕 면화 가격에 운반 비용을 더한 수준에서 리버풀 면화 가격이 책정되어야 했지만, 실제 가격차는 더 크게 벌어졌다.

그러다 1858년 8월 5일 대서양을 가로질러 해저통신케이블이 놓이면서 두 지역의 면화 시장 정보가 시차 없이 바로 전달되었고, 그 덕분에

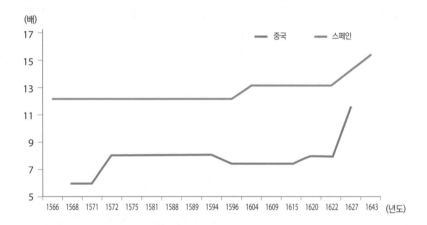

〈도표 2-2〉 중국, 스페인에서의 금은 교환비율(금 1단위당 교환되는 은의 양)

출처: 주경철, 『대항해시대: 해상 팽창과 근대 세계의 형성』, 서울대학교출판부(2008), 259쪽.

금에 대한 은의 교환비율은 역사적으로 일정하지 않았다. 최근에는 대략 1대 60 정도에서 거래가 이뤄지지만, 과거에는 이 비율이 지역마다 큰 차이가 났다. 특히 16세기 스페인이 아메리카 대륙에서 노다지를 발견하면서 동서양의 금은 교환비율은 거의 2배 가까이 차이가 났다. 마젤란의 세계 일주 여행 이후 아메리카에서 아시아로의 항해가 정기적으로 이뤄지면서 일종의 '차익거래'가 발생했지만, 증기선과 무선전신 등 기술혁신이 본격화되기 전까지는 동서양의 금은 교환비율에는 여전히 큰 차이가 존재했다.

두 시장의 가격차는 급격히 축소되고 안정세를 유지하게 되었다.

　현대를 살고 있는 입장에서는 중국과 유럽의 금은 교환비율이 저렇게나 크게 벌어진 게 이해가 되지 않겠지만, 전화나 인터넷이 없던 시절에는 정보가 매우 귀한 '자산'이었음을 이해할 필요가 있다. 다음 장에서는 금과 은 같은 귀금속의 유입과 유출이 중국 역사에 어떤 영향을 미쳤는지 좀 더 긴 시각에서 살펴보자.

참고 자료

주경철, 『대항해시대』, 서울대학교출판부(2008), 258~259쪽.

티모시 브룩, 『하버드 중국사 원·명』, 너머북스(2014), 433쪽.

바다소리, "대륙 간 전신(電信)의 도입과 무역품 가격의 변화", 2018. 7.

케네스 포메란츠, 『설탕, 커피 그리고 폭력』, 심산문화(2003), 363~364쪽.

윤병남, 『구리와 사무라이』, 소나무(2007), 51~52쪽.

3장

삼국지 이후의 시대에 왜 아무도 관심이 없을까?

　우리나라뿐만 아니라 중국 등 아시아 사람들에게 『삼국지(三國志)』만큼 영향을 준 소설은 없을 것이다. 한(漢)나라 말기 환관과 외척의 전횡으로 정치가 엉망진창이 된 가운데 황건적의 난을 고비로 '난세'가 시작되고, 이 과정에서 조조와 손권 그리고 유비가 천하 패권을 노리며 서로 협력하고 경쟁해나가는 과정은 수많은 사람의 피를 끓게 만들었다.

　그러나 정작 삼국시대 이후의 역사에 대해서는 아무도 관심이 없는 듯하다. 물론 어느 정도 이해는 된다. 사실상 주인공이었던 유비, 관우, 장비, 3형제가 차례로 목숨을 잃고, 홀로 남은 제갈공명이 촉(蜀)나라를 지키기 위해 노력하지만 절대 강자인 위(魏)나라와의 격차는 점점 더 벌어지고 결국 북벌 중에 숨을 거두는 모습을 보면서 눈물을 흘린 사람이 많았을 것이다. 나아가 위나라에서 나온 진(晉)나라가 삼국을 통일한 이후, 5개 북방민족(五胡)의 침략으로 양쯔강 이북의 땅을 빼앗기고, 남쪽으로 이동해 간신히 멸망을 면하는 상황이 펼쳐진 것도 이 시기에 대한 관심을 낮추는 원인이라 할 수 있다.

이 대목에서 한 가지 의문이 제기된다. 삼국시대 당시 각국은 적게는 수만, 많게는 십수만의 병력을 동원해 총력전을 펼쳤다. 이런 강력한 군사력을 가지고 있었는데, 왜 삼국을 통일한 진나라는 북방민족에게 허무하게 무너졌을까?

역사가들은 지방에 분봉한 왕족들이 후계 문제를 들어 반란을 일으킨 이른바 '팔왕의 난(八王之亂)' 등으로 진나라가 분열된 상태였고, 여기에 대단히 무능한 황제가 연이어 제위에 오른 것이 패망의 이유라고 지적한다. 정말 그럴까? 중국 역대 왕조 중 청나라를 제외하면 어리석은 황제가 나라를 말아먹는 일은 빈번하지 않았던가? 더욱이 대규모 농민 반란 한 번 겪지 않은 왕조가 있었던가? 그런데 왜 유독 진나라 이후 당나라가 들어설 때까지 한족(漢族)이 세운 왕조는 내내 밀리기만 했을까?

여러 이유가 존재할 텐데, 그중 제일 먼저 드는 생각은 '군사 혁신'이다. 북방민족은 강력한 신무기인 등자(鐙子, Stirrup)의 발명 덕분에 '중기병(重騎兵, Heavy Cavalry)'이 압도적인 무력을 행사할 수 있었다. 여기서 등자란 말 안장에 달린 발 받침대를 말한다. 등자는 말에 오르거나 말 위에서 균형을 잡는 데 매우 유용한 발명품으로, 등자가 발명되기 이전에는 기마병의 주된 무기는 활이었다. 즉, 기동력을 이용해 상대를 화살로 공격한 다음 후퇴하는 게 일반적인 전략이었다. 그러다가 등자가 발명되면서 기병의 전투법은 긴 창을 활용한 돌격전법으로 바뀐다. 실제로 8세기경 서양에 등자가 전해진 이후 본격적으로 중세 시대가 열렸음을 감안할 때, '등자로 인해 북방 유목민족이 우위를 점했다'는 분석은 꽤 그럴듯하다.

그런데 중국 문헌에 등자가 처음 실린 것이 477년이니, 삼국시대(3세기 초)에는 북방민족이 강력한 군사적 우위를 가지기 힘들었던 것으로 보인다. 실제로 조조 때 위나라는 소수의 원정부대만으로 선비족을 쳐부순

북방민족의 강력한 신무기였던 등자

바 있다. 그럼 어떤 요인이 북방 유목민족의 득세를 불러왔을까?

앞에서도 이야기했듯, 한족을 비롯한 농경민족은 (등자 발명 이전에도) 기마민족과 1대 1로 붙으면 도저히 이길 수 없었다. 농경민족이 기마민족과 맞서 싸우기 위해서는 전투에서는 지더라도 전쟁에서 이기는 방식으로 태세를 전환해야 한다. 즉, 기마민족에 비해 압도적으로 수가 많고 대도시를 이뤄 거주하여 생산력이 뛰어나다는 점을 적극 활용해 장기전을 펼치는 게 필승 비법이었다. 반면 기마민족은 농사를 짓기 어렵기 때문에, 농경민족이 생산한 식량과 철기를 구하지 못하면 생존 자체가 어려웠다.

실제로 전한(前漢) 초 무제(武帝, 재위 기간 기원전 141~기원전 87년)는 강대한 군사력을 보유하고 있었고, 창고에 식량과 귀금속이 가득했다. 그는 이 자금력을 바탕으로 고조선을 침략했을 뿐만 아니라, 장건(張騫)의 서역 기행* 등을 추진한 정복 군주로 역사에 이름을 남겼다. 무제가 그토록 서역 국가와 교역하고 싶어 했던 이유는 하얀 피를 흘리는 말, 즉 한혈마(汗血馬) 혹

---

* 무제(武帝)는 기원전 139년에 일리강(江) 유역에 있던 대월지(大月氏)와 동맹을 맺어 흉노를 협공하고자 여행가인 장건을 대월지국으로 보냈다. 그러나 대월지는 흉노를 칠 의사가 없어 동맹을 거부한다. 무제는 기원전 119년 장건을 다시 이리 지방의 오손(烏孫)으로 파견했는데, 이때 장건은 서역 제국의 사절·대상(隊商)들을 데리고 돌아왔다. 장건의 여행으로 서역의 산물이 중국으로 유입되었고, 이로 인해 동서간의 교역과 문화가 발전하게 되었다.

은 천마(天馬)를 획득해 북방의 흉노를 정벌하기 위함이었다. 물론 뛰어난 말이 없더라도 북방민족을 괴롭히고 심지어 정복하는 일은 충분히 가능했다. 흉노와의 교류를 차단해 식량과 철기의 보급을 끊고, 만리장성을 비롯한 요새를 강화한다면, 오랜 시간이 걸리긴 하겠지만 결국 흉노는 무너질 것이기 때문이다. 그러나 무제는 당대에 흉노 문제를 해결하기를 원했다. 결국 그는 비단길 개척을 통해 기마군단 육성에 성공했고, 기원전 119년에는 흉노를 고비사막 너머로 몰아내었다.

만만찮은 적수인 흉노를 몰아낸 것까지는 좋았으나 이후 한나라는 기나긴 내리막길을 걸어야 했다. 긴 전쟁으로 재정이 축나자 이를 만회하기 위해 소금을 비롯한 다양한 필수품에 과도한 세금을 부과해 상업활동을 위축시킨 것이 직접적인 원인이었지만, 말을 비롯한 다양한 물건을 해외에서 들여오는 과정에서 귀금속이 서역으로 유출된 것이 결정적인 영향을 미쳤다. 한나라 때 황금 한 근이 동전 1만 개에 해당했는데, 대략적인 금과 동의 교환비율은 130대 1이었다. 현재 가격에 비하면, 놀라울 정도로 금의 가격이 저렴한 편이었음을 시사한다. 그러나 서방과의 교역이 시작된 이후 지속적으로 금의 가격이 상승했다.

통화 공급(=귀금속 공급)이 줄어들자 경제 전반에 악영향이 나타나기 시작했다. 앞서 15세기 유럽의 사례에서도 언급했듯, 통화 공급이 감소하기 시작할 때 가장 일반적인 대응은 화폐 사용을 줄이는 것이다. 화폐 사용을 줄이는 가장 쉬운 방법은 지급지족하는 것이다.

실제 후한(後漢)부터 남북조시대(南北朝時代)까지 '장원(莊園)' 문화가 이어져왔다. 즉, 부유한 귀족들이 넓은 땅을 개척하는 한편, 기근을 견디지 못하고 몸을 의탁한 사람들을 이용해 대규모 농장에서 식량을 재배하는 일종의 자급자족 생활권을 건설한 것이다. 당시 시대상에서는 충분히 이

해되는 일이지만, 경제 전체 차원에서는 대단히 비효율적인 행동이라 할
수 있다. 애덤 스미스(Adam Smith)의 핀(pin) 공장 사례에서 보듯 분업과 교환
이야말로 가장 손쉽게 생산성을 높일 수 있는 수단이니 말이다. 이 대목
에서 핀 공장 사례를 조금 인용해볼까 한다.

> 노동자 한 사람이 기계의 힘을 빌리지 않고 수작업으로 핀을 만든다면 많
> 아야 하루에 한 개 정도 만들 수 있다. 그러나 핀 제조 과정을 18개 공정으
> 로 나누어 열 명이 분업을 하면 하루에 4만 8천 개의 핀을 만들 수 있고 한
> 명이 하루에 4천 8백 개의 핀을 만들 수 있다. 이와 같이 핀 생산을 특화하
> 면서 분업을 실현하기 위해서는 한 달에 14만 개의 핀을 팔 수 있는 시장이
> 있어야 한다. 따라서 이만한 시장 규모가 형성된다면 특화에 의해 높은 생
> 산성을 올리고 막대한 이윤을 얻을 수 있는 수확체증(收穫遞增)의 세계가 열리
> 게 된다.

애덤 스미스의 글에도 잘 나와 있지만, 도시가 위축되고 시장이 사라
지면 혁신은 사라진다. 아무리 분업 등을 통해 생산성을 향상시키고 고
른 품질을 유지하며 제품을 만들어낸들, 이 제품을 살 시장이 없다면 혁
신의 싹이 틀 수 없다. 『삼국지』를 읽다 보면, 유비나 손권 등의 호걸들
이 지역의 강력한 세력을 만나 그들에게서 많은 자금과 병력을 지원받
는 일을 자주 보게 되는데 이들이 바로 장원의 소유자들이었던 셈이다.
이들은 자신들에게 예속된 사람으로 구성된 부대, 즉 '부곡'을 이끌고 독
립된 부대의 수장으로 전쟁에 직접 참여하곤 했다.
　그런데 약해진 경제력보다 더 큰 문제는 인구의 급격한 감소였다. 황
건적의 난(184년) 이후 인구가 급격히 줄어들어, 삼국시대 초기에는 약 6천

〈도표 2-3〉 중국사에 있어서 경기순환

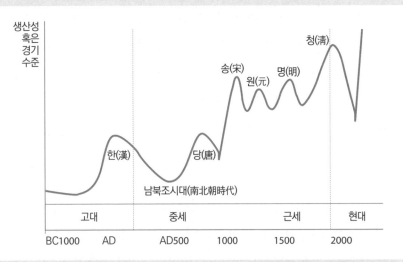

출처: 미야자키 이치사다, 『중국중세사』, 신서원(1996)

일본의 중국사 대가(大家) 이치사다 교수는 중국의 경기순환이 크게 고대와 중세, 근세에 이를 때마다 단계적으로 비약했다고 묘사한다. 한나라 때 첫 번째 정점에 도달한 후, 삼국시대와 남북조시대 동안 긴 침체기를 겪다가, 당나라와 송나라 때 또다시 각각 비약적인 발전을 이룩한 것으로 간주한다. 이때 중국은 서양에 비해 발달된 기술력을 이용해 서양 사람들이 애타게 갈구하는 3가지의 제품(비단, 차, 도자기)에서 우위를 점하며 서양으로부터 귀금속 유입을 이끌어냈다.

만에 달했던 인구가 삼국시대 말기에는 1천 6백만 명 수준으로 급감했다. 물론 이 집계에는 장원에 숨어 있던 이들이 포함되지 않은 것으로 보인다. 또 정부의 행정 능력이 약화된 것을 반영한 것으로 보아야 할 것이다. 결국 삼국시대 이후 진나라에 의해 통일되기는 했지만, 불황의 흐름 자체는 지속되었다고 보아야 한다. 즉, 약해진 경제력과 줄어든 인구가 북방 유목민족에게 최적의 활동 조건이 된 셈이다.

막강한 경제력이 농경민족 국가에게는 최대 장점인데, 이 장점이 장원경제의 출현으로 무너진 이상 북방 유목민족의 공세를 저지할 힘은 없었다. 결국 장기적인 시각에서 본다면 고대 중국은 한나라 무제 때 정점에 도달한 후, 남북조시대까지 약 500년에 걸쳐 내리막을 걸었다고 평가할 수 있을 것이다.

물론 이 대목에서 한 가지 첨언할 것이 있다. 이치사다 교수의 지적은 매우 흥미롭지만, 최근에는 "비단길을 따라 금이 유출되며 디플레가 발생했다."는 주장을 반박하는 연구들도 제기되고 있다. 리처드 폰 글란 교수는 『케임브리지 중국경제사』에서 전한(前漢) 멸망 이후 권력을 잡은 왕망(王莽) 정부가 기존에 유통되던 화폐(오수전, 五銖錢)를 대체하는 화폐를 만들어내는 과정에서 경제적 혼란이 시작됐고, 특히 왕망이 금 거래를 국유화하는 과정에서 시중에 금이 사라지게 되었다고 지적하기도 한다. 아무튼 원인 분석에는 차이가 있지만, 무제 사후 한 제국은 서서히 화폐경제가 무너지는 가운데 자급자족 형태의 장원경제로 후퇴하기 시작한 것만은 분명한 사실이라 볼 수 있다.

다음 장에서는 유럽에 대항해시대가 시작된 덕분에 중국으로 어마어마한 귀금속이 유입되었는데도, 왜 명나라가 멸망했는지 살펴보기로 하자.

참고 자료

미야자키 이치사다, 『중국중세사』, 신서원(1996), 30~31, 49, 351쪽.
매일경제, "[이선 교수의 창조경제 특강] 제1강 아담 스미스의 핀 공장 이야기",
　　2014.3.24.
리처드 폰 글란, 『케임브리지 중국경제사』, 소와당(2019) 256~257, 266쪽.
린 화이트 주니어, 『중세의 기술과 사회 변화』, 지식의풍경(2005), 32쪽.

4장
명나라 때까지는 서양보다 잘살았다!

일조편법 시행과 연이은 '귀금속 공급 확대' 덕분에 명나라의 재정은 대단히 윤택했다. 많은 논쟁이 있기는 하지만, 적어도 명나라 때까지는 중국이 서유럽보다 더 부강했거나 혹은 비슷한 생활 수준을 기록했던 것으로 보인다.

특히 재정 개혁에 성공했던 만력제 초기에 북방을 끊임없이 침략하던 서부 몽골 지역에 거점을 둔 오이라트 부족의 알탄 칸과 평화협정을 체결하는 데 성공했는데, 몽고제국이 필요로 하는 다양한 제품을 공급해주는 한편, 몽고제국의 칸이 명나라에게 조공(朝貢)하는 데 합의하는 내용이었다. 즉, 몽고제국이 명나라의 신하 국가임을 인정하는 대신 경제적 실리를 챙겼던 셈이다.

어떻게 보면 명나라가 '돈으로 평화를 산' 조약이라고 볼 수 있는데, 일조편법과 해외 교역 덕분에 막대한 재정 흑자를 기록하고 있었기에 가능한 일이었다. 당시 기록에 따르면 명 정부의 태창(太倉)에는 식량이 1,300만 석 그리고 국고에는 600만 냥 이상의 은이 확보되어 있었다고 한다. 이 거대한 재원 덕분에 몽고제국과 평화협정을 체결하고, 나아가 대대적인 북방 요새 개축을 추진할 수 있었다. 만력제는 왜구와의 전쟁에서 혁혁한 공을 세운 명장 척계광(戚繼光)을 수비 대장으로 임명하는 한편, 이성량(李成梁, 조선을 구원하러 왔던 이여송의 아버지)에게 요동을 진압하여 만리장성을 보수하고 망루를 무려 3천 곳에 세우게 했다고 한다.

이 대목에서 한 가지 의문이 제기될 수 있다. 16세기에 명나라가 번성했던 것은 사실이지만, 다른 나라에 비해 국민들의 생활 수준이 더 높았는지는 어떻게 알 수 있을까?

국내총생산(GDP)을 추정하는 게 가장 좋은 방법이지만, GDP 측정에는 많은 어려움이 따른다. 최근 작고한 앵거스 메디슨(Angus Maddison) 교수가 평생에 걸쳐 세계 주요국의 2천 년에 해당하는 GDP를 측정했다. 이 역사적인 연구 성과가 과거 역사를 이해하는 데 많은 도움이 되는 것은 분명한 사실이다. 그러나 그의 데이터를 신뢰하기에는 너무나 많은 한계가 존재한다. 최근 우리나라의 '가계 동향' 데이터 논란에서 보듯, 국민의 실생활 수준, 특히 소득을 측정하는 데에는 많은 한계가 따른다. 신용카드와 잘 발달된 통신 수단을 가진 현대에도 이런 문제가 심각한데, 산업혁명 이전의 경제 성장을 정확하게 측정하기란 불가능에 가깝다.

이 문제를 해결하기 위해 서양사학계의 거두, 이언 모리스(Ian Morris) 교수는 최근 국제연합개발계획(UNDP)에서 작성하는 인간개발지수(HDI, Human Develop Index)를 역사 분석에 활용하였다. HDI는 인간의 삶이 어떤 수준에 도달했는지 측정하기 위해서는 소득뿐만 아니라 기대수명과 문식률(文識率) 등의 다른 지표를 활용할 필요가 있다고 판단하여 만들어진 지수다. HDI가 0.9 이상이면 최상위권 선진국으로 볼 수 있는데, 참고로 2018년에 우리나라는 22위를 기록해 프랑스나 스페인보다 높은 순위를 차지

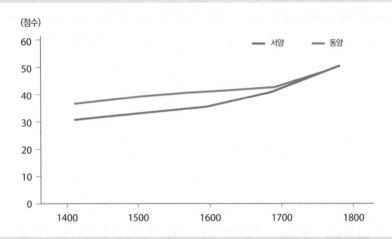

(점수)

| — 서양 | — 동양 |

출처: 이언 모리스, 『왜 서양이 지배하는가: 지난 200년 동안 인류가 풀지 못한 문제』.

역사학계의 거두, 이언 모리스 교수는 국내총생산(GDP)을 정확하게 측정할 수 없는 과거의 사회 발전 수준을 측정하기 위해, 세계은행에서 작성·발표하는 인간개발지수(HDI)를 활용해 사회발전지수(SDI)를 개발했다. 도시의 규모와 서류 작업량, 에너지 사용량과 같은 간접적인 지표를 통해 동서양이 어떤 수준의 발전을 기록했는지 측정했다는 점에서 획기적인 시도라 할 수 있다. 로마제국 멸망 이후 동양이 우세한 모습을 보이다 1800년을 전후해 상황이 역전되는 게 흥미롭다.

했다.

이언 모리스 교수는 HDI를 활용해서, 과거 국가들의 '사회발전지수 (Social Development Index)'를 측정하려 시도하였다. 물론 GDP 통계나 문식률 통계를 구할 방법이 없으니 대안이 될 지표를 선택해야 했다. 그가 선택한 첫 번째 지표는 에너지 사용량이었으며, 두 번째는 도시 규모였다. 또한 정보처리 양과 능력, 전쟁 수행 능력을 정량화하여 각 시기별 국가의 사회발전 수준을 측정했다.

〈도표 2-4〉는 15세기 이후 서양과 동양의 사회발전지수를 보여주는데, 동양이 서양에 비해 지속적인 우위를 기록하는 한편, 이 우위는 18세기 말이 되어 뒤집히는 것으로 나타난다.

이 대목에서 한 가지 의문이 제기된다. 동양, 특히 중국이 19세기까지 지속적으로 발전했고 사회 발전 수준도 서양보다 높았는데, 왜 만주족에게 무너졌는가?

참고 자료

미야자키 이치사다, 『중국통사』, 서커스출판상회(2016), 454, 457쪽.

이언 모리스, 『왜 서양이 지배하는가』, 글항아리(2017), 239쪽.

Bolt, J. and J. L. van Zanden(2014), "The Maddison Project: collaborative research on historical national accounts", The Economic History Review, 67(3): 627~651쪽.

UNDP, "Human Development Indices and Indicators 2018 Statistical Update".

5장
조세개혁으로 부강해졌는데, 명나라는 왜 망했을까?

16세기까지만 해도 부강했던 명나라가 17세기 접어들어 청나라에게 힘없이 무너진 이유는 무엇일까? 당시 만주 기마병이 대단히 강력한 무력을 자랑한 것은 사실이지만, 산해관(山海關, 만리장성의 동쪽 끝에 자리하고 있는 중요한 관문)을 중심으로 한 명나라의 방어망을 뚫는 것은 대단히 힘든 일이었다. 특히 명나라의 명장 원숭환(袁崇煥)이 이끄는 방어군이 서양인 선교사 아담 샬(Adam Schall)이 만든 서양식 대포를 활용해 후금의 태조, 누르하치를 저격하는 등 적어도 '방어전'에서 패전의 징후는 보이지 않았다. 결국 명이 망한 이유는 이자성(李自成) 등이 주도한 농민 반란이라고 봐야 한다.

그럼 왜 명나라 때 대규모 농민 반란이 일어났을까? 후한과 마찬가지로, 명나라 황제들이 제대로 된 정책을 펼치지 못한 것이 직접적인 원인이 되어 반란의 '방아쇠'를 당겼을 것이다. 가장 대표적인 이가 만력제로, 그는 만년에 조정에 나와 대신을 보는 일이 거의 없이 주로 궁중에서 환관과 정무를 결재한 것으로 유명하다. 그러나 하버드 대학의 티모시 브룩(Timothy Brook) 교수는 '기후 변화'가 명나라 멸망의 직접적인 원인이라고 주장한다.

1586~1588년에 발생한 첫 번째 '만력의 늪'은 정권 자체를 마비시켰다. 그 늪은 사회 재난의 새로운 기준이 될 정도로 엄청난 환경 차원의 '붕괴'였다. 그러나 명나라 조정은 이 재난을 무사히 넘어갈 수 있었는데 이는 1580년 대 초반부터 장거정이 시행했던 국가 재정에 관한 개혁 덕분이었다.(중략) 그리하여 장거정이 1582년 사망할 때 국고에는 은이 넘쳐났다. 이렇게 보유한 자금 덕분에 만력제의 조정은 1587년 폭풍처럼 밀어닥친 자연재해에 적절히 대응할 수 있었다.(중략)

20년이 지난 1615년, 두 번째 '만력의 늪'이 발생했다. 이번 늪이 있기 2년 전부터 중국 북부 전역에서 홍수가 지속되었고, 2년째 되던 해 기온이 급격히 떨어지며 추워졌다.(중략) 1616년 후반기에 기근은 중국 북부에서 양쯔강 유역으로 번졌고, 이어서 광둥성을 덮쳤다. 최악의 사태는 1618년 이전에 종결되었지만, 이후에도 만력제의 마지막 2년 동안, 가뭄과 메뚜기 떼의 약탈이 끊이지 않았다.

무능한 통치로 명나라를 망하게 한 황제, 만력제

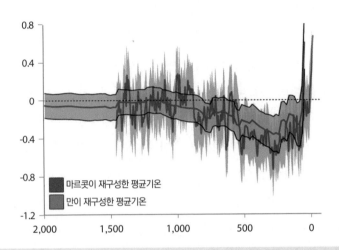

〈도표 2-5〉 2천 년 전부터 최근까지의 기온 변화(1961~1990년 평균과의 차이)

출처: Shaun A. Marcott, Jeremy D. Shakun, Peter U. Clark1, Alan C. Mix(2013).

가로는 현재 대비 얼마나 과거의 일인지 보여준다. 예를 들어 500은 1961~1990년에 비해 약 500년 전이라는 뜻이다. 세로는 점선을 주변으로 1961~1990년 평균 기온에 비해 얼마나 높고 낮은지를 보여주는데, 1000년 전쯤에 매우 기온이 올라갔던 것을 발견할 수 있다. 이른바 중세 온난기로, 이때 유럽은 암흑 시대를 벗어나 본격적으로 발전이 이뤄졌다.

〈도표 2-5〉는 지난 2천 년 동안의 지구 기온 변화를 보여주는데, 약 5백 년 전부터 전 지구적 차원에서 기온 하락이 나타나는 것을 확인할 수 있다. 이를 기후학계에서는 소빙하기(Little Ice Age, LIA)라고 지칭하기도 한다. 나무의 나이테를 이용한 분석에 따르면, 명나라 말기에 발생한 가뭄은 5세기 만에 가장 심각한 수준이었으며, 중국 북부 지역의 가뭄 발생 빈도는 (원나라를 무너뜨린) 명나라 초기에 비해 76%나 높았다고 한다.

물론 당시 명나라 황제가 기상 이변에 대응할 정도로 재정을 충분히 쌓았고 이를 바탕으로 국력을 더욱 강건히 했다면, 멸망까지는 이르지 않았을지도 모른다. 그러나 만력제가 치세 내내 재정을 낭비한 데다, 이민족의 침입까지 심화되며 병참을 위한 가장 중요한 기반인 역참제(驛站制)마저 붕괴되면서 전쟁의 승패는 이미 판가름 난 것이나 다름없었다. 참고로 명나라를 멸망시킨 반란 세력의 우두머리인 이자성(李自成)은 원래 역참에서 일하다 해고된 후 반란군에 뛰어든 인물이다.

다음 장에서는 청나라 때, 중국이 세계 최대의 인구 대국으로 부상하게 된 배경을 살펴보자.

참고 자료

티모시 브룩, 『하버드 중국사 원·명』, 너머북스(2014), 446~447, 485~486쪽.

젠보짠, 『중국사 강요 2』, 중앙북스(2015), 319, 322쪽.

김시덕, 『동아시아, 해양과 대륙이 맞서다』, 메디치미디어(2015), 80~81쪽.

벤저민 리버만, 엘리자베스 고든, 『시그널』, 진성북스(2018), 235~236쪽.

Shaun A. Marcott, Jeremy D. Shakun, Peter U. Clark1, Alan C. Mix(2013), 『A Reconstruction of Regional and Global Temperature for the Past 11,300 Years』, Science 08 Mar 2013, Vol. 339, Issue 6124, 1198~1201 쪽.

6장
청나라 때 인구 4억을 돌파한 이유는?

만주족은 산해관을 넘어 중국 본토에 들어와 전형적인 약탈자로 행동했다. 양쯔강 하구의 대도시 양주(楊州) 등 수많은 도시를 파괴하고 약탈했다. 강남 지방이 이 정도였으니, 전쟁터가 되어버린 베이징 인근의 지역은 '눈 닿는 곳마다 황량하고 처량했으며', '백성들 가운데 열에 예닐곱은 유랑생활을 하는' 지경에 처하고 말았다. 나아가 1645년에는 자신들의 전통적인 머리 형태인 변발을 하도록 지시함으로써 한인(漢人)의 대대적인 저항을 불러일으켰다. 또한 베이징 근처 여러 주현(州縣)에 있는 주인 없는 황무지나 명조 황실이 소유하던 토지를 만주 귀족들과 팔기(八旗)*에게 나눠주는 과정에서, 실제 농민들이 경작하는 토지를 모두 몰수하기도 했다.

이 대목에서 한 가지 의문이 생긴다. 역대 왕조 중에서도 청나라는 강희제(康熙帝, 재위 기간 1662~1722년)와 옹정제(雍正帝, 재위 기간 1723~1735년) 등 명군(名君)이

---

* 청나라를 세운 태조(太祖)가 개국에 공로가 있는 만주족을 비롯하여 한인, 몽고인, 여진인 등을 중앙집권적으로 통제하고자 조직한 군대로, 군기(軍旗) 빛깔에 따라 여덟 부대로 나누어 편제하여 팔기라 불린다.

많이 나온 것으로 유명한데, 초기에는 왜 대량 학살을 저지르고 백성들의 재산을 약탈했을까? 만주족이 처음에는 이동형 강도(roving bandit)로 쳐들어 왔다가, 강희제를 전후해 정착형 강도(stationary bandit)로 전환했기 때문이다.

이동형 강도와 정착형 강도는 '국가'에 대한 일종의 비유라 할 수 있다. 가장 대표적인 이동형 강도가 바로 초기의 몽고제국이다. 당시 몽고제국의 일부 장군들은 "중국의 모든 땅에서 인간을 없애고 양을 키우자."라고 주장했다. 이들은 한군데에 정착해 생활해본 적이 없었던 데다, 세금을 어떻게 걷는지에 대해 생각해본 적도 없는 존재들이었기에 이런 이야기를 할 수 있었을 것이다. 경제 성장, 나아가 국민의 복지 측면에서 보면 이들 이동형 강도는 최악의 지배자라 할 수 있다.

정착형 강도는 이보다는 낫다. 정착형 강도도 키워서 잡아먹을 생각을 하긴 하지만, 떠돌이 강도는 그런 장기적인 플랜조차 없으니 말이다. 즉 떠돌이 강도는 상대가 죽든 말든 상관 않고 빼앗아 갈 수 있는 것은 모두 빼앗고 죽이고 파괴한다. 그러나 정착형 강도의 입장은 다르다. 수탈 대상이 죽어 소멸해버리면 정착한 강도도 굶어 죽는다. 반면 수탈 대상이 부자가 되면 빼앗아 갈 것도 많아지게 된다. 따라서 정착한 강도는 자신의 영향권 안에 있는 사람들이 열심히 일하고 투자도 하고 새로운 기술도 개발할 수 있는 환경을 만들려고 노력한다.

이런 관점에서 볼 때 강희제를 전후해 청나라가 삼번(三藩)의 난을 진압하고 중국 전역을 장악한 후에는 '정착형 강도'로 전환했다고 볼 수 있다. 1679년 과거제도를 부활하여 농촌 지배층인 신사(紳士) 계급을 지배구조 내로 끌어들였으며, 세금제도도 점진적으로 개혁해나갔다. 특히 강희제는 1713년 이른바 성세자생정(盛世滋生丁)을 선포하였다. 지금은 태평성세

이기 때문에 이후 늘어나는 정세(丁稅, 일종의 인두세)는 세금을 걷지 않겠다는 뜻이었다. 다시 말해 앞으로 인구가 늘어나더라도 영원히 세금을 더 부과하지 않겠다는 뜻으로 볼 수 있다. 그러나 경제 규모가 커지고 재정 지출도 늘어나는 상황에서 세금을 동결하면 장기적으로 볼 때 정부 재정은 악화되고 만다. 이에 강희제를 이은 옹정제는 지정은제(地丁銀制), 즉 인두세(人頭稅)와 토지세를 통합해 세금을 부과하는 조치를 취하기에 이르렀다. 이 조치는 매우 혁신적인 것으로, 대토지를 소유한 신사 계급에게 강한 반발을 불러일으켰다. 그러나 청나라가 중국 전역을 지배한 지 70년 가까이 지났고, 강대한 무력을 지니고 있었으니, 이 정도의 반발은 문제가 되지 않았다.

그런데 강희제와 옹정제의 조세 개혁은 뜻하지 않은 영향을 미치기에 이르렀다. 〈도표 2-6〉은 기원전 400년부터 기원후 1950년까지 중국의 인구를 나타내는데, 명나라 말기에 1.5억에서 2.0억 수준이던 인구가 1700년대부터 폭발적으로 늘기 시작해 1800년에는 3억 명 혹은 그 이상

과거제도를 부활하고 세금제도를 개혁해 청나라의 태평성대를 이끈 강희제

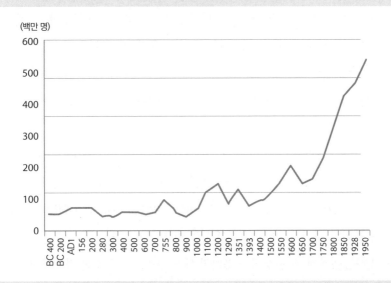

(백만 명)

출처: Dudley L. Poston Jr. and David Yaukey(2013).

가로는 시간의 경과를, 세로는 인구의 변화를 나타낸다. 중국 역시 맬서스의 함정에 빠져 있었기에, 인구 1억 명이 오랫동안 '한계'였다. 그러나 경제 발전이 지속된 북송(北宋) 때 인구 1억을 돌파했다가 몽골의 침략으로 다시 인구가 절반 수준으로 급감했으나, 명나라 후기에 결국 1억을 돌파한 후에는 지속적인 인구 증가가 나타났다.

에 도달했음을 알 수 있다.

갑자기 인구가 증가한 가장 직접적인 이유로 행정 통계에 포착된 수가 늘어난 것을 들 수 있다. 지정은제 이전에는 세금을 회피할 목적으로 최대한 자녀 수를 줄여 신고했으나, 인두세 폐지*를 계기로 굳이 자녀의 출산을 숨길 이유가 없어졌다. 은폐되었던 인구가 호적에 등록된 것뿐만 아니라, '사망률'의 하락도 인구 증가를 유발한 요인으로 지목된다. 땅콩과 옥수수, 감자 등 새로운 작물이 보급되면서 기후 여건이 좋지 않은 때에도 굶주리지 않게 된 것이 사망률을 낮추는 데 결정적 기여를 하였다.

물론 인구가 늘어나는 일은 '초기'에는 좋은 일이다. 1600년을 전후한 내란과 정복 전쟁으로 인구가 급감했고, 나라 경계 변두리 지역에 주인 없는 땅이 널려 있었기에, 늘어난 인구를 부양하는 데 문제가 없었다. 특히 땅콩이나 감자 등의 작물은 건조하거나 추운 지역에서도 충분히 수확이 가능했기에, 사천성이나 타이완 등 인구밀도가 희소한 지역까지 사람들이 이주해 살게 되었다. 그러나 변경(邊境)으로의 이주와 새로운 토지의 개간은 점점 문제를 일으켰다.

가장 큰 문제는 토양의 황폐화였다. 삼림지대를 개간하여 계단식 논을 만들어 농업 생산량이 늘어난 것은 분명한 사실이지만, 그 과정에서 삼림 벌채와 표토의 대량 유실이 발생했고 이는 심각한 부작용을 가져왔다.

19세기 조선 혹은 2000년대 초반 개성공단이나 금강산 사진을 보면, 산에 나무가 하나도 없는 것을 쉽게 볼 수 있다. 삼림이 파괴되면 기후

---

* 인두세를 토지세에 포함시켜 단일세로 징수함에 따라 인두세는 사라졌다.

변화에 대한 대응력이 약해질 뿐만 아니라, 반복적으로 홍수와 가뭄을 겪을 가능성이 높아진다. 청나라 조정도 이 문제를 인지하고 개간을 엄격하게 규제했지만, 토지에 대한 사람들의 열망을 억제하기엔 역부족이었다.

1700년부터 인구가 급격히 증가한 데 따른 두 번째 문제는 바로 '임금' 하락이다. 사람들이 너무 많으니, 먹고살 정도의 돈만 주면 일하겠다는 사람들이 넘쳐났고 이는 자연스럽게 임금 하락으로 이어졌다. 이는 역설적으로 '산업혁명'을 가로막는 결과를 가져왔다. 이 문제에 대해서는 3부에서 자세히 살펴보기로 하자.

참고 자료

젠보짠,『중국사 강요 2』, 중앙북스(2015), 421~422, 425쪽.
구범진,『청나라, 키메라의 제국』, 민음사(2012), 63~64, 103쪽.
차명수,『기아와 기적의 기원, 1700-2010』, 해남(2014), 196~197쪽.
폴 로프,『옥스퍼드 중국사 수업』, 유유(2016), 261쪽.
윌리엄 T. 로,『하버드 중국사 청』, 너머북스(2014), 48, 56~57, 164~165, 172쪽.
Dudley L. Poston Jr. and David Yaukey(2013),『The Population of Modern China』, 52쪽.
Do-Hyung Kim, Chenquan Huang, John R.G. Townshend,『Forest Cover Change in the Korean Peninsular Assessed Using Global Land Survey data』

2부로부터 얻은 교훈
화폐 공급이 줄 때 경기가 나빠진다!

 1부의 16세기 스페인, 2부의 중국 사례가 주는 가장 중요한 교훈은 화폐 공급이 줄어들 때 심각한 위기가 찾아온다는 것이다. 4부에서 집중적으로 살펴보겠지만, 화폐 공급이 줄어들 때 경제가 어떻게 되는지 가장 잘 보여주는 사례가 1929년에 발생한 대공황(Great Depression)이다.

 〈도표 2-7〉은 1929년을 전후한 미국의 실업률과 은행 예금의 관계를 보여준다. 대공황은 주가 폭락에서 촉발되었지만, 본격적으로 실업률이 상승하기 시작한 것은 은행 예금 잔고가 가파르게 줄어드는 등 경제 전체에 화폐 공급이 줄어들기 시작한 1930년대 초임을 알 수 있다.

 이 대목에서 잠깐 화폐 공급에 대해 살펴보자. 금을 비롯한 귀금속의 유입이 이뤄질 때 경제 전체에 화폐 공급이 늘어나는 것은 당연한 일이지만, 귀금속은 결국 대부분 은행으로 흡수된다. 금을 그대로 들고 있으면 도둑맞을 위험이 있는 데다, 이자가 발생하지 않기 때문이다. 따라서 금을 수령한 경제 주체(가계나 기업, 정부 등)는 귀금속을 은행에 예치한다.

 은행에 예치되는 순간, 돈은 스스로 생명을 가진다. 은행들은 예금 중

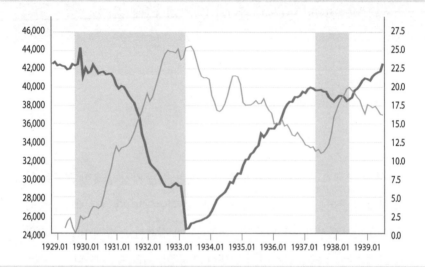

〈도표 2-7〉 1929년을 전후한 미국의 은행 예금 잔고(황금선, 좌축, 백만 달러)와 실업률(초록선, 우축, %)

출처: 미국 세인트루이스 연방준비은행(https://fred.stlouisfed.org/graph/?g=mMC2)
주: 음영으로 표시된 부분은 전미경제분석국(NBER)에서 정의한 경기후퇴국면.

경제의 상승과 하강, 즉 경기 순환을 일으키는 여러 요인 중에서 가장 중요한 것이 '통화 공급'임을 보여주는 도표다. 통화 공급은 크게 두 가지 요인에 의해 움직이는데, 하나는 정부의 통화 공급이고 다른 하나는 은행 등 금융기관을 통한 '예금-대출' 경로다. 1929년 대공황은 중앙은행이 통화 공급을 억제하는 가운데, 은행 위기가 발생하며 '예금-대출' 경로마저 막히면서 발생한 비극이라 할 수 있다.

일부를 지급준비금으로 중앙은행에 재예치하는 한편, 지급준비금 이외의 자금은 필요로 하는 사람에게 대출해주고 이자를 수취한다. 이 돈은 다시 주택 혹은 각종 기계 설비 구입에 사용되어 경제를 성장시키고 고용을 늘리는 결과를 가져온다.

그런데 어떤 이유로든 은행 예금이 급격히 감소하는 상황이 생기면 어떻게 될까? 은행 입장에서는 기업이나 가계에 빌려준 돈을 회수하지 않을 수 없고, 빚을 갚을 수 없는 기업이나 가계는 줄줄이 파산하게 될 것이다. 기업과 가계의 파산은 은행의 대출 회수를 더욱 촉진시킬 것이며, 이는 결과적으로 경제 전체의 불황과 대규모 실업 사태를 유발할 것이다.

따라서 어떤 나라가 대규모 무역적자를 기록해 화폐 공급이 줄어들고, 사람들이 화폐를 은행에서 인출하는 사태가 발생할 때에는 심각한 불황에 빠지게 된다. 지난 2008년 글로벌 금융위기가 그토록 큰 충격을 줬던 이유가 '리먼브러더스'라는 투자은행의 파산으로 대대적인 예금 인출 사태가 벌어졌기 때문이었음을 잊지 말자.

참고 자료

밀턴 프리드먼, 안나 J. 슈워츠, 『대공황, 1929~1933년』, 미지북스(2010), 91쪽.

니얼 퍼거슨, 『금융의 지배』, 민음사(2010), 53~54쪽.

3부

맬서스와 이해할 수 없는 신세계

The History of Money

1장
왜 청나라에서 산업혁명이 발생하지 않았을까?

산업혁명이 발생하기 이전, 한 나라의 국력은 인구수에 의해 좌우되었다. 프랑스가 만년 2등 자리에 있으면서도 끊임없이 1인자(스페인, 네덜란드, 영국 등)에게 도전할 수 있었던 건 거대한 인구 덕분이었다. 이는 동아시아에서도 마찬가지다. 중국은 많은 인구 덕분에 각종 혁신을 주도할 수 있었다. 시장이 큰 곳에서 혁신이 일어나기 마련이며, 큰 시장을 가진 나라가 경쟁력이 있는 건 당연한 일이다. 세계 4대 발명(화약, 종이, 인쇄술, 나침반)이 모두 중국에서 이뤄진 것이 이를 방증한다.

그런데 왜 산업혁명은 중국이 아닌 서유럽 끝에 자리한 영국에서 시작되었을까? 이 대목에서 잠깐 산업혁명(Industrial Revolution)에 대해 살펴보자. 산업혁명은 간단하게 말해 지속적으로 1인당 소득 증가가 나타나는 이른바 '근대적' 성장이 지속되는 현상을 지칭한다. 인구와 소득 통계가 잘 정리되어 있는 영국 잉글랜드 지방의 통계를 기준으로 살펴보면, 1인당 소득과 인구는 1600년까지 반비례 관계였다. 다시 말해, 인구가 늘면 1인당 소득이 줄고, 반대로 인구가 줄면 1인당 소득이 늘어나는 세상이

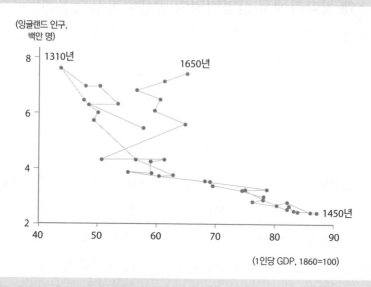

(잉글랜드 인구,
백만 명)

1310년

1650년

1450년

(1인당 GDP, 1860=100)

출처: Gregory Clark(2003).

1260년부터 1650년까지의 소득과 인구를 보여주는 도표다. 여기서 가로축은 1860년을 기준(=100)으로 삼은 소득이며, 세로축은 잉글랜드 인구를 나타낸다. 이른바 중세 온난기가 이어지던 1300년 전후까지 잉글랜드 인구는 6백만 명으로 늘어났지만, 1인당 소득은 1860년의 절반에도 미치지 못했다. 반면 흑사병이 번지면서 영국 인구가 한때 2백만 명으로 줄어들자, 소득은 1860년의 90% 수준까지 상승하는 것을 발견할 수 있다.

었다. 인구가 감소해야만 1인당 소득이 늘어나는 현상을 '맬서스 함정 (Malthus Trap)'이라고 한다.

맬서스 함정이란 간단하게 말해 기술적 진보가 매우 더딘 세상을 의미한다. 물론 고대 그리스와 로마에 비해 르네상스 시대 사회는 분명히 진보했다. 그러나 당시를 살던 사람들이 세상이 나아지고 있다고 느끼기는 대단히 힘들었다. 1260년부터 1650년까지 잉글랜드의 1인당 소득은 연 0.6% 늘어나는 데 그쳤는데, 이 정도의 성장은 당시 경제 주체들이 인식할 수 없는 수준이다. 결국 1800년을 전후해 잉글랜드에서 산업혁명이 일어나기 전까지 1인당 소득은 인구에 의해 좌우되었다. 1310년 잉글랜드 지역의 인구가 577만 명으로 늘어났을 때가 잉글랜드 역사상 가장 소득이 적었다(1860년 소득을 100이라 할 때, 1310년의 소득은 43이다). 반면 1450년 흑사병이 돌아 잉글랜드 지역 인구가 228만으로 줄어들자 소득은 87을 기록하며 1310년의 2배 이상 수준까지 상승했다. 즉 전쟁이나 질병이 퍼져 인구가 줄면 소득이 늘고, 반대로 인구가 늘어나는 평화기에는 소득이 감소하는 세상이었던 셈이다.

그런데 1600년을 전후해 잉글랜드에 변화의 징후가 나타났다. 찰스 1세를 몰아내고 공화정을 수립했다가 다시 왕정으로 복귀하는 혼란스러운 과정에서도 잉글랜드 사람들의 1인당 소득이 꾸준히 늘어난 것이다. 그리고 1800년이 지나면서부터는 '인구와 소득의 동반 상승' 현상이 장기화되기에 이른다. 왜 잉글랜드에서 이런 일이 벌어졌을까?

어떤 이는 잉글랜드 사람들이 운이 좋았을 뿐이라고 주장한다. 영국이 석탄 위에 자리 잡았다는 평가를 받을 정도로 '산업혁명을 일으키기에 유리한' 조건을 가진 데다, 대서양이 태평양에 비해 상대적으로 작아 아메리카 신대륙으로의 항해와 교역이 유리했다는 것이다. 반면 어떤 이

〈도표 3-2〉 1600년부터 1860년까지의 잉글랜드 1인당 실질소득과 인구의 관계

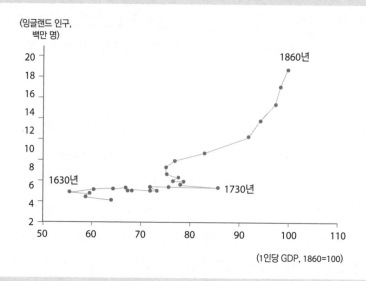

출처: Gregory Clark(2003).

1600년부터 1860년까지의 잉글랜드 인구와 소득 수준을 보여주는데, 인구가 4백만 명에서 1천 8백만 명으로 4배 이상 늘어났음에도 1인당 소득이 줄지 않는 것을 확인할 수 있다. 이런 현상이 나타난 건 농업혁명으로 수확량이 늘고, 북미 식민지 개척에 성공하면서 교역이 증가하여 인구압*이 완화되었기 때문이다. 또한 산업혁명이 1700년대 후반부터 서서히 시작된 것도 요인이다.

* 일정 지역 안에 인구가 지나치게 많아 생활 공간이 좁아지고 생활 수준이 낮아지게 되어 느끼는 압박감을 말한다.

들은 '제도'에 주목한다. 명예혁명 이후 금리가 낮아진 것처럼, 왕이 자의적으로 세금을 부과하거나 다른 이의 재산을 빼앗는 일이 금지된 세상일수록 혁신을 추구할 유인이 존재한다는 주장이다. 필자 입장에서 마지막 가설은 참 매력적이다. 재산권이 보호되는 좋은 제도를 가진 나라를 만드는 것이야말로 산업화를 추진할 가장 중요한 덕목이라는 주장은 '도덕적'으로도 참 기분 좋은 설명이기 때문이다.

그러나 후자의 주장을 그대로 수용하기에는 뭔가 찝찝하다. 왜냐하면 네덜란드는 영국보다 훨씬 일찍 주식회사와 중앙은행을 만들었던 전력이 있기 때문이다. 네덜란드뿐만 아니라 일본 중부 지방인 간토도 꽤 높은 수준의 재산권이 형성되어 있었다. 에도막부(德川幕府, 도쿠가와 이에야스가 1603년 에도에 수립한 무가 정권)가 수립될 당시, 각 지방을 다스리던 영주들은 전쟁에 대비해 막대한 가신(家臣, 높은 벼슬아치의 집에 딸려 있으면서 그 벼슬아치를 받드는 사람)을 보유하고 있었다. 그런데 에도막부가 세워진 후 오랫동안 평화가 지속되자 대부분의 영주들은 재정 압박을 받게 되었다. 영주뿐만 아니라 에도막부의 직할 가신을 의미하는 하타모토(旗本)조차 사실상 파산 상태에 빠져, 상인의 가계 관리하에 겨우겨우 살아가는 신세가 되는 경우가 비일비재했다. 참고로 에도막부는 무려 8만 명의 직속 무사를 거느리고 있었는데, 이는 도요토미(豐臣) 가문을 무너뜨리고 200년 넘게 권력을 유지한 가장 중요한 근거가 되었다. 이 중요한 '무력'이 부실화되는 것을 막기 위해 막부는 다양한 지원을 해주었지만 하타모토들의 재정 파탄을 완전히 구제할 방법은 없었다.

이 상황에서 하타모토들의 유일한 대안은 상인에게 돈을 빌리는 것이었는데, 이때 일본 상인들은 다양한 금융서비스를 발전시키기에 이른다. 예를 들어 영주나 하타모토에게 이들이 보유한 영지에 대한 연공(年

에도막부를 세운 도쿠가와 이에야스

貢, 해마다 바치던 공물) 징수권을 담보로 대출을 해주었으며, 대출이 부실화될 경우에는 영주를 대신해 연공을 징수하는 한편 잔여액을 지급해주는 등의 시스템도 마련했다. 물론 '명예혁명' 이후의 영국만큼 완벽하게 재산권을 행사했다고 말할 수는 없으나, 하타모토라는 특권 신분조차 자신이 진 빚을 갚지 못해 가장 중요한 '권리'를 빼앗기는 상황이 발생했다는 것은 재산권 면에서도 상당한 진보가 있었음을 시사하는 것으로 볼 수 있다. 그럼 왜 일본은 산업혁명을 일으키지 못했을까? 다음 장에서는 이 문제를 자세히 살펴보겠다.

참고 자료

Gregory Clark, "The Condition of the Working-Class in England, 1200-
2000", 2003.

그레고리 클라크, 『맬서스, 산업혁명 그리고 이해할 수 없는 신세계』, 한스미디어
(2009), 24쪽.

하야미 아키라, 『근세 일본의 경제발전과 근면혁명』, 혜안(2006), 139~140, 168,
188~189쪽.

이언 모리스, 『왜 서양이 지배하는가』(EPUB), 글항아리(2017), 29~30쪽.

신상목, 『학교에서 가르쳐주지 않는 일본사』, 뿌리와이파리(2017), 28~29쪽.

오카자키 데쓰지, 『제도와 조직의 경제사』, 한울아카데미(2017), 98~99쪽.

2장
산업혁명 vs. 근면혁명

에도막부 시기에 일본에서 대단히 인상적인 상공업의 발달이 나타났음에도 산업혁명이 끝끝내 발생하지 못한 이유는 어디에 있을까?

여러 이유가 있겠지만, 가장 설득력 있는 답변 중의 하나가 바로 '인구 과잉'이다. 전국시대(戰國時代)*가 끝나고 평화의 시기가 도래하면서 인구가 폭발적으로 증가해, 1800년경 일본은 중국 청나라처럼 인구 과잉 시대에 진입했다. 인구압이 높으면 최저 생존비 수준의 저임금 노동력을 확보하기가 매우 쉬워진다. 이는 사람의 손을 필요로 하는 공예나 원예 발달에 매우 좋은 조건이긴 하지만, 노동생산성을 끌어올리는 기술의 발전, 다시 말해 공업화를 추진하기에는 불리한 조건이다.

반면 영국은 상황이 전혀 달랐다. 제임스 와트(James Watt)를 비롯한 영국의 발명가들이 왜 그렇게 많은 시간과 돈을 연구 개발에 쏟아 부었을

---

* 일본 15세기 후반부터 16세기 후반까지 군웅이 할거하여 서로 다투던 시대를 말한다. 이 시대에는 지방장관이나 호족 등이 세력을 넓혀 일본 각지에 지역국가를 세웠으며, 지역국가 간에 발생한 정치적, 경제적 문제는 주로 무력(武力)으로 해결하였다. 일반적으로 군웅 할거의 계기가 된 오닌(應仁)의 난이 발발한 1467년경부터 도요토미 히데요시(豊臣秀吉)가 전국을 통일한 1590년까지를 전국시대(센고쿠 시대)로 본다.

영국과 세계의 산업혁명을 촉진한 와트 증기 기관

까? 물론 물건을 팔 시장이 존재했다는 게 큰 이유겠지만, 다른 한편으로 보면 '노동을 절약하는 기계'를 개발하는 게 돈이 되었기 때문이다. 다시 말해 노동력이 비싸고 자본이 싼 곳에서는 기계를 사용하는 게 이익인데, 영국이 이에 해당되었다. 이 대목에서 잠깐 첨언하자면, 19세기 초반 일본과 중국의 상황은 대단히 비슷했다. 중국은 인구가 폭발적으로 늘어나는 가운데, 노동생산성의 향상은 오히려 후퇴하고 있었다. 중국 역사가들은 시장경제가 발달했던 양쯔강 하류의 사회상을 연구한 결과 '토지 단위면적당 노동 투입의 증가'가 1인당 생산량의 후퇴로 이어졌다고 보고한다.

경제학에서 이런 현상을 '수확체감(收穫遞減)'이라고 이야기한다. 예를 들어 1마지기의 토지에 곡물을 심을 경우, 1명이 일할 때보다는 2명이 일할 때 더 많은 수확량을 거둘 것이다. 그러나 2명이 3명이 되고, 3명이 5명으로 늘어나는 순간 추가적인 생산량은 급격히 줄어들 것이다. 농업에서는 아주 혁신적인 종자, 혹은 화학비료의 투입이 이뤄지지 않고서는 수확체감 현상이 일반적으로 나타난다. 따라서 농업에 적정 수 이상의 사람을 투입하는 사회는 점점 더 생산성이 줄고, 1인당 소득도 감소할 가능성이 높다.

따라서 근대적인 성장, 다시 말해 생산성 향상이 경제 전체의 성장을 주도하는 과정을 거치기 위해서는 제조업 육성이 필수적이다. 제조업은 농업과 달리 '수확체증(收穫遞增)'이 나타나기 때문이다. 가장 대표적인 사례가 바로 1900년대 초반 미국의 포드 자동차 회사가 출시한 혁신적인 'T형 자동차'이다.

1908년 T형 자동차가 처음 출시되었을 때 연 생산량은 1만대에 불과했고, 판매 가격은 825달러에 달했다. 참고로 2017년 물가로 환산하면 이는 2만 2,500달러에 해당한다. 이때까지만 해도 포드가 생산한 T형 자동차는 투박한 외관과 비싼 가격 때문에 인기를 끌지 못했다. 그러나 포드가 1910년 설립한 새로운 공장 '하이랜드 파크'에 컨베이어벨트라는 혁신적인 공정기술을 도입하면서 상황이 바뀌기 시작했다.

물론 컨베이어벨트 시스템은 포드의 발명품이 아니다. 포드가 시카고의 도축공장을 방문한 뒤 컨베이어벨트 시스템에 대한 아이디어를 얻은 것이다. 당시 도축공장에서는 가축을 갈고리에 걸어 늘어뜨린 다음 이동시켜 수십 명의 근로자들이 자기가 맡은 부위만 전문적으로 발라내는 시스템을 갖추고 있었다. 무거운 자동차를 갈고리에 걸 수는 없었기에, 포드는 큰 벨트 위에 차대를 놓는 식으로 공정기술을 수정했다. 이 결과 폭발적으로 생산성이 향상되었고, 1909년 1만 대에 불과했던 생산량은 1918년에는 66만 4천 대로, 1922년에는 연 130만 대로 늘어나기에 이르렀다.

포드사가 출시한 혁신적인 자동차, 포드 모델 T(1910년식)

1913년 당시 포드 자동차의 조립 라인

노동력의 투입량은 일정한데 생산량이 급격히 늘어나는 현상, 즉 '학습곡선(Learning Curve)'이 출현했던 것이다. 근로자들이 작업에 익숙해지고 나아가 필요 없는 공정을 생략하며, 생산에 차질을 빚는 문제를 해결하는 과정에서 점점 1인당 생산량이 증가했다. 근로자 1인당 생산량이 지

〈도표 3-3〉 T형 자동차 생산량과 판매 가격 추이

출처: 위키.

왜 제조업이 중요한지 일깨워주는 도표다. 가로축은 시간의 경과를, 왼쪽 세로축은 'T형 자동차'의 생산량, 오른쪽 세로축은 가격을 표시하는데 생산량이 폭발적으로 느는 가운데 가격이 계속 인하된 것을 발견할수 있다. 이른바 '규모의 경제'가 나타나며, 생산량 증가가 비용의 절감을 달성해 소비자 가격의 인하로 이어졌다. 1917년을 전후해 생산량 증가세가 둔화된 것은 제1차 세계대전 참전으로 포드사가 군수품 생산에투입되었기 때문이다.

속적으로 증가하면, 자동차 1대에 투입되는 원가는 떨어진다. 결국 포드의 T형 자동차의 가격은 1909년 825달러에서 1914년 440달러로 인하되었고, 1922년에는 319달러까지 떨어졌다. 이는 2017년 현재 물가로 환산하면 4,662달러, 원화로는 500만 원 안팎에 불과하다. 단 13년 만에 차 값이 60%나 인하되었고, 컨베이어벨트 시스템 덕분에 불량률까지 떨어지니 자동차를 구입하지 않을 이유가 없었다.

이 대목에서 오해를 피하기 위해 한 가지 첨언할 것이 있다. 1800년을 전후한 일본 에도막부나 중국 양쯔강 하류 지역에 어떤 발전도 없었다는 이야기를 하려는 게 아니다. 당시 일본에는 예전에 볼 수 없었던 형태의 국화와 나팔꽃을 육종해낸 사람들이 있었고, 중국도 남아도는 노동력을 활용해 목화 재배에 나섰으며, 경제 전반에 걸쳐 '분업화'가 크게 촉진되었다. 사람들의 기호에 부응하는 신제품의 개발, 그리고 각 농가에서 생산되던 면포를 전업 농가들이 생산하기 시작한 것은 분명한 '진전'이다.

다만, 이 진전이 '산업혁명(Industrial Revolution)'이 아닌, '근면혁명(Industrious Revolution)'의 성격을 띠고 있다는 점에 차이가 있다. 사람의 노동력을 줄이고 기계에 대한 의존도가 높아진 것이 산업혁명이라면, 근면혁명은 값싼 노동력을 최대한 활용해 경제의 외형을 키우는 전략이라고 할 수 있다. 그 대표적인 사례가 19세기 일본이다. 나고야를 중심으로 한 노비(濃尾) 지방의 가축 수는 1660년과 1810년경 각각 1만 7,825마리와 8,104마리로, 무려 45%나 감소한 것으로 나타난다. 이는 1670년대에는 말이나 소를 이용해 경작했지만, 1810년에는 가축을 이용한 경작이 거의 사라졌음을 의미한다. 인구가 늘고 1인당 인건비가 줄어듦에 따라 가축 대신 사람이 경작에 활용되었던 것이다. 즉, 장시간의 그리고 강도 높은 노동을 통해 사회의 총생산량을 늘리는 식으로 사회가 발전했던 셈이다.

이 대목에서 의문을 느끼는 독자들이 적지 않으리라 생각된다. 왜 영국에서는 인구 과잉이 나타나지 않고 지속적인 경제 성장이 나타났을까? 이 의문을 다음 장에서 풀어보기로 하자.

참고 자료

하야미 아키라, 『근세 일본의 경제발전과 근면혁명』, 혜안(2006), 139~140, 168, 188~189쪽.

이나가키 히데히로, 『식물도시 에도의 탄생』, 글항아리(2017), 189쪽.

로버트 C. 앨런(2017), 『세계 경제사』, 교유서가(2017), 54쪽.

과학동아, "한국, '세계 혁신 국가 1위'의 의미는?"(2018).

슐로머 메이틀, 『CEO 경제학』, 거름(2001), 251~257쪽.

3장
영국은 어떻게 '인구 폭발'을 피할 수 있었나?

　일본과 중국은 '인구 과잉' 상황이었기에 굳이 값비싼 기계를 만들고 이를 통해 인력을 대체할 이유가 없었던 반면, 영국은 정반대 상황이었다. 〈도표 3-4〉는 1800년을 전후해 영국에서 산업혁명이 일어나기 전 이미 각 도시 근로자들 간의 임금 격차가 크게 벌어졌음을 보여준다. 하루 임금 기준으로 1800년 영국 런던은 17그램을 넘어선 반면, 인도 델리나 중국 베이징은 하루 3그램에도 미치지 못하는 것을 발견할 수 있다.

　다른 지역에 비해 인건비가 압도적으로 높다 보니, 런던은 '인건비를 절감해주는 기계'의 발명이 절실했다. 반면, 영국에서 발명된 기계는 다른 유럽 국가나 아시아로 보급되기 힘들었다. 1780년대 아크라이트가 영국에 최신 기술의 방적 공장을 건설한 이후의 투자수익률은 40%에 이르렀지만, 아크라이트의 신기술을 도입한 프랑스에서는 수익률이 9%로 떨어졌고, 인도에 만들어진 공장의 수익률은 1% 미만에 그쳤기 때문이다. 영국을 제외하고는 대부분의 나라가 '고금리' 부담을 지고 있는 상황이었기에, 투자에 따른 수익이 낮으면 투자를 꺼리는 것은 당연했다. 실

〈도표 3-4〉 1325년부터 1875년까지 세계 주요 도시 근로자들의 하루 임금(은화)

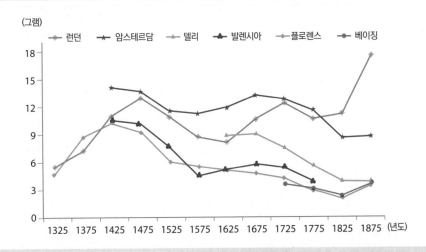

출처: Robert C. Allen(2006)

은으로 표시한 세계 주요 도시 근로자들의 하루 임금인데, 런던이 가장 눈에 띈다. 런던과 암스테르담이 가장 높은 수준을 유지하다 1825년을 전후해 런던이 가장 높은 수준으로 뛰어오른다. 반면, 델리와 베이징 등 아시아의 도시는 임금의 지속적인 하락이 관측된다.

제로 프랑스혁명(1789~1794년) 이전 영국에는 제니 방적기만 2만 개가 설치된 반면, 프랑스에는 900개 그리고 인도에는 단 하나도 설치되지 않았다.

그런데 런던 근로자 임금이 높았던 이유는 어디에 있을까? 당연한 일이겠지만, 일본이나 중국과 달리 영국에는 인구압이 존재하지 않았기 때문이다. 그럼 왜 영국이나 네덜란드는 인구압이 높지 않았을까? 가장 유력한 가설은 유럽 사람들이 결혼을 늦게 하거나 상당수가(종교적인 이유 등으로) 결혼을 아예 하지 않았던 반면, 동아시아에서는 그러지 않았다는 것이다. 그러나 최근 여러 연구에 따르면, 서유럽과 동아시아 여성의 초혼비율과 출산율에 큰 차이가 없다. 예를 들어 1790년을 전후해 벨기에나 영국 여성들의 평균 초혼 연령은 24.9세와 25.2세였으며, 이들의 출산율도 각각 6.2명과 4.9명으로 결코 낮지 않았다. 한편 중국과 일본 여성의 출산율은 각각 5.0명과 5.2명이었다.

그럼 왜 유럽은 동아시아에 비해 인구압이 낮았을까? 직접적인 이유는 유럽에서 주로 재배되던 작물인 밀의 생산성이 동양의 쌀에 비해 훨씬 낮았다는 데 있다. 밀과 호밀 농사는 지력(地力)을 떨어뜨리기 때문에 생산성이 저하될 수밖에 없다. 반면 벼농사는 몇 십 년 동안 같은 땅에서 계속 지을 수 있는 것은 물론, 2모작, 3모작까지 가능하다. 게다가 유럽 대부분의 지역에서 씨를 뿌린 후 기대할 수 있는 수확량의 비율(파종량 대 수확량)이 1:4 내지 1:6에 불과했다. 낟알 4알을 거둘 경우, 다음 농사에 쓸 종자를 따로 보관해야 하므로 실제 빵을 만들 수 있는 낟알은 3알에 불과한 것이다. 만일 흉년이 들어서 비율이 1:3 이하로 떨어지면 기근이 시작된다. 1:2 정도의 비율이 2~3년 지속되면 아사자가 나오게 된다. 따라서 유럽은 기본적으로 아시아에 비해 '인구 과잉'이 발생하기 쉽지 않았다.

그러다 18세기 네덜란드 농부들이 클로버, 순무 등의 사료 작물을 휴경지에 재배함으로써 지력을 회복하면서도 가축 수를 크게 늘릴 수 있는 방법을 발견하게 된다. 이 농법은 곧 영국에 전해졌고, 영국 사람들은 이를 더욱 발전시켜 이른바 '요크셔 농법'의 기반을 마련했다. 15세기까지만 해도 1톨의 씨앗으로 겨우 3~4알을 수확했는데, 18세기에는 10알 이상의 수확을 기대하게 된 것이다. 물론 이와 같은 농업 혁명은 '인구 과잉'의 위험을 높인다. 실제 18세기 잉글랜드 지역의 인구는 지속적으로 늘어났다.

〈표 1〉 유럽의 곡물 수확

A. 1200~1249년 이전 곡물 수확 비율 1:3에서 1:3.7	
I. 영국 1200~1249년	3.7
II. 프랑스 1200년 이전	3
B. 1200~1820년 곡물 수확 비율 1:4에서 1:4.7	
I. 영국 1250~1499년	4.7
II. 프랑스 1300~1499년	4.3
III. 독일, 스칸디나비아 국가들 1500~1699년	4.2
IV. 동부 유럽 1550~1820년	4.1
C. 1500~1820년 곡물 수확 비율 1:6.8에서 1:7.1	
I. 영국, 네덜란드 1500~1700년	7
II. 프랑스, 스페인, 이탈리아 1500~1820년	6.3
III. 독일, 스칸디나비아 국가들 1700~1820년	6.4
D. 1750~1820년 곡물 수확 비율 1:10 이상	
I. 영국, 아일랜드, 네덜란드 1750~1820년	10.6

출처: 주경철 등(2011).

그럼 어떻게 영국 런던 근로자들의 임금이 높은 수준을 유지할 수 있었을까? 많은 유럽인, 특히 잉글랜드 및 아일랜드 사람들이 신대륙으로 이동했기 때문이다. 16세기 스페인이 신대륙을 개척할 때를 돌이켜보자. 당시 식민지 경영을 위해 본토의 젊은 사람들이 빠져나간 탓에 경제 전반에 강력한 인플레가 나타났다. 반면, 18세기 영국에서는 이와 정반대 일이 벌어졌다. 유럽 국가들 중에서 거의 유일하게 잉여 농산물을 풍족하게 가진 탓에, 농촌에서 '잉여 인력'을 얼마든지 해외로 보낼 수 있게 된 것이다. 그리고 이 덕에 해군은 지속적으로 신병을 충원할 수 있었고, 북대서양을 아우르는 거대한 상거래 네트워크를 형성함으로써 큰돈을 벌어들일 수 있었다. 북아메리카 식민지에서 부족한 목재 등을 안정적으로 수입해 강력한 해군을 육성할 수 있었던 것도 부수적인 효과에 해당한다.

영국은 17세기부터 시작된 금융시장의 혁신 덕분에 저금리로 막대한 자금을 조달하고, 나아가 풍부한 인력으로 해군을 건설해 물류 네트워크를 지키며, 외적으로부터 국토를 방어하는 데 성공하니 '산업혁명'의 발판이 놓였다고 말해도 충분할 것 같다. 반면 네덜란드는 육지에 터전을 두고 있어 유럽에서 벌어진 전쟁에 끊임없이 끌려들어갈 수밖에 없었고, 18세기 말 나폴레옹에게 점령당해 산업혁명을 추진할 힘을 갖추기 힘들었다.

물론 이러한 설명으로는 몇 가지 부족한 부분이 있다. 뉴턴 같은 과학자들을 우대한 영국의 전통 그리고 전화(戰禍)를 피해 영국으로 건너간 지식인과 자본의 존재를 무시해서는 안 될 것이다. 다음 장에서는 영국이 '산업혁명'을 추진하며 세계 최대 강대국이었던 중국을 어떻게 무너뜨리게 되었는지를 살펴보자.

참고 자료

Robert C. Allen, "The British Industrial Revolution in Global Perspective: How Commerce Created The Industrial Revolution and Modern Economic Growth", 2006.

로버트 C. 앨런, 『세계 경제사』, 교유서가(2017), 21, 56쪽.

주경철, 이영림, 최갑수, 『근대 유럽의 형성』, 까치(2011), 50~51쪽.

그레고리 클라크, 『맬서스, 산업혁명 그리고 이해할 수 없는 신세계』, 한스미디어(2009), 131~132쪽.

4장
마약왕 영국!

　18세기 초반까지 세계의 양대 강국인 영국과 중국의 상황을 잠깐 정리해보자. 중국의 가장 강력한 강점은 무한에 가까운 인력이었다. 중국은 쌀농사 덕분에 4억에 이르는 어마어마한 인구를 가지고 있었고, 1인당 소득이 서양에 비해 낮을지는 몰라도 워낙 인구가 많아 거대한 시장과 군대를 가질 수 있었다. 반면, 영국은 중국에 비해 인구는 훨씬 적었지만 1인당 생산성이 매우 높았고 특히 해군이 무척 강했다. 물론 먼 중국까지 군대를 파견하기에는 어려움이 있었지만, 인도와 싱가포르 등 중국으로 가는 중간 기착지에 식량과 보급 물품을 충분히 쌓아둔다면 중국을 직접 위협할 수도 있을 터였다.

　그러나 냉정히 따지자면 경제력과 군사력 면에서 영국은 중국보다 한 수 아래였다. 그래서 영국은 청나라와 최대한 평화로운 관계를 유지하는 가운데 중국과 교역하기를 원했다. 하지만 청나라는 영국의 요구를 굳이 따를 이유가 없었다. 1685년 청나라 강희제는 모든 연안에서 해상 사무역을 합법화한 다음, 주요 연안 항구에 해관(海關)을 설치했다. 입항

한 선박들은 해관에 등록하고 상품을 판매하기 전에 화물에 대한 관세를 지불해야 했다. 얼마나 외국 상인들이 중국에 많이 왔는지, 강희제 말년에는 외국 상인하고만 전문적으로 거래하는 중국 무역업소(商行)가 광저우(廣州)에만 40곳이 넘었다고 한다. 강희제의 손자 건륭제(乾隆帝, 재위 기간 1736~1796년)대에 이르러 청나라는 서양이 교역할 수 있는 항구는 오직 광저우뿐이라고 공표했다. 특히 1760년에는 외국인들의 중국 방문 기간, 거주 장소, 그리고 무역할 수 있는 대상을 정한 상세한 규정도 발표했다.

이와 같은 규제에 영국은 점점 불만을 갖게 되었다. 무엇보다 영국 사람들은 중국산 차를 좋아했지만, 중국 사람들은 영국 제품에 별다른 관심을 내보이지 않아 지속적으로 은의 유출이 발생했던 게 결정적 이유였다. 1792년 영국 국왕 조지 3세는 조지 매카트니(George Macartney) 백작을 특사로 보내, 광저우뿐 아니라 저장성의 저우산(舟山) 등에서도 무역을 할 수 있게 해달라고 요청했다. 특히 조지 3세는 스스로를 '바다의 제왕'이라고 칭하는 등 강대한 무력을 지니고 있음을 내비쳤다. 그러나 전성기

1792년 조지 3세의 명으로 청나라 특사로 간 조지 매카트니 백작

매카트니 영국 사절단을 접견하는 건륭제

를 맞이하고 있던 건륭제 입장에서 이를 들어줄 이유는 없었다. 그래서 다음과 같은 유명한 이야기를 한다.

영국인만이 광저우에서 무역하고 있는 것은 아니다. 우리 제국의 생산물은 다양하고 매우 풍부해서 다른 나라 상품이 없어도 살아가는 데 전혀 지장이 없다. 특히 중국은 차, 질 좋은 도자기, 비단, 그리고 다른 재료가 풍부하다. 이런 물건들은 너희 나라와 유럽의 다른 국가들 사이에서 수요가 높다. 너희에게 관용을 베푸는 차원에서, 짐은 이러한 다양한 상품을 저장할 수 있는 공적 창고를 광저우에 개설하도록 지시했다.

물론 건륭제의 말에 틀린 건 없다. 그러나 영국의 입장은 달랐고, 영국은 대안까지 준비해 놓았다. 인도에서 재배되던 아편(阿片, Opium)이 그것이었다. 아편은 중국에서 이미 오래전부터 다양한 용도로 사용되어왔다. 1405년 환관 정화(鄭和)의 통솔 아래, 2만 7,870명이 넘는 선원을 태운 보선 63척이 난징을 떠나 인도양을 향해 나아갔다. 아프리카와 인도의 수많은 나라에서는 중국의 보선에 담겨온 풍부한 물산에 대한 보답으로 아편을 선물했다. 그리고 이 약은 미약(媚藥)이라는 별칭으로 불렸으며, '남성의 양기를 보충하고 정력을 되찾는 데 쓰인다'고 선전되었다.

명나라 임금들은 아편에 이미 중독된 상태였다. 만력제는 살아생전 이미 장대한 무덤을 만들어 죽은 후 그곳에 안장되었는데, 1997년 중국 공산당 관리들은 "명나라 만력제의 뼈에 모르핀이 다량 함유되어 있음을 발견했다. 아편을 가끔 복용하는 것으로는 이런 효과가 나타나지 않는다. 그는 아편 중독자였다. 황제가 이러했다면 왕자, 대신과 환관 역시 그러했을 것이다."라고 지적한 바 있다.

물론 공산당 관료들이 중국의 왕조, 특히 역대 가장 무능한 것으로 알려진 만력제의 위신을 훼손하려는 목적으로 이러한 발표를 했을 것이다. 그러나 이 내용에는 일말의 진실이 담겨 있다고 볼 수 있다. 물론 명나라 때까지 아편은 매우 고가의 품목이었고, 민간까지 퍼져나가지는 않았다. 그러나 청나라 강희제의 타이완 정복 이후 아편은 남부 지방을 중심으로 빠르게 확산되기 시작했다.

특히 문제가 된 것은 1818년 발명된 파트나(Patna) 아편이었다. 파트나는 영국령 인도에서 생산된 아편 브랜드로 매우 중독성이 강해, 이후 150년 동안 아편 무역과 동의어로 쓰일 정도로 많이 판매되었다. 1839년 중국의 아편 수입량은 1천만 명의 중독자가 사용할 정도였고, 20세기 초에는 중국에 약 4천만 명의 중독자가 생겼다. 이 과정에서 막대한 은이 유출되었다. 일부 역사학자들은 1801년에서 1826년 사이에 보수적으로 보더라도 7,470만 달러가, 1827년부터 1849년 사이에 1억 3,370만 달러가 유출된 것으로 본다.

이 덕분에 영국, 특히 영국 동인도회사는 막대한 수익을 거둘 수 있었

〈도표 3-5〉 1830~1839년 중국으로 유입된 아편의 규모

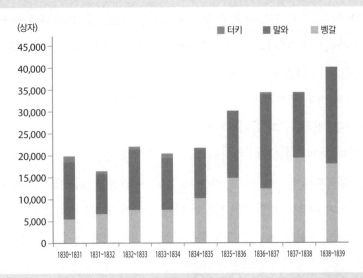

출처: 정양원(2009)

아편전쟁 직전, 중국으로 유입된 아편의 양을 보여주는데 처음에는 터키산 아편의 수입이 두드러지다 1830년대 중반 이후에는 인도산 아편이 압도적 우위를 차지하는 것을 발견할 수 있다. 이는 1818년부터 본격적으로 팔린 파트나 아편의 영향으로 판단된다.

다. 〈도표 3-5〉에 표시된 바와 같이, 중국으로 어마어마한 인도산 아편이 쏟아져 들어오기 시작해, 당시 단일 품목으로 세계 1위의 규모를 차지했다. 이는 '영국령 인도에서 벌어들이는 총수익의 1/7'에 해당될 정도였다. 아편 무역 속에 엄청난 규모의 은이 유출됨에 따라, 중국 내 은의 가치가 급격히 상승하기 시작해 1758년 은과 동전의 교환비율이 730대 1이었던 것이 1846년에는 1,800대 1까지 상승했다.

아편전쟁(1842년) 직전, 청나라가 영국인들이 들여와 파는 아편을 규제하기 위해 노력했던 데에는 이런 경제적 배경이 있었던 셈이다. 앞서 2부에서 살펴본 것처럼, 디플레이션이 발생하면 경제에 심각한 불경기가 출현하기 마련이다. 디플레이션으로 실질적인 부채 부담이 증가하며, 중국의 토착 금융기관이 파산하는 등 강남 지방을 중심으로 신용 경색 현상이 발생했다. 청나라를 이루는 핵심 지배계층이 아편에 노출되었던 것도 청나라 조정의 결단을 부추기는 데 한몫했다.

하지만 당시 청나라 내에 아편을 강하게 규제하자는 주장만 있었던 것은 아니다. 일부에서는 아편을 엄하게 금하면 암거래가 생겨나고 가격 또한 높아질 뿐이니, 이는 오히려 외국 상인과 밀매조직을 살찌우게 할 뿐 아니라 동시에 다량의 은이 유출되는 역효과를 일으킨다고 지적했다. 그러면서 아편 판매를 공인하여 세금을 부과한다면 상품으로서 아편 가격이 하락하고 밀매조직도 소멸될 것이라고 주장했다. 그러나 이렇게 하면 아편 중독자 수가 단기적으로는 더 증가할 가능성이 높은데, 이를 교화할 방법이 없다는 게 문제가 되었다. 결국 아편을 합법화하자는 주장은 기각되고 전면 규제하는 방향으로 결정되었지만, 강건하던 만주 팔기군(八旗軍)조차 아편에 노출되어 있었기에 도저히 전쟁에서 승리를 거둘 수 없는 상황이었다.

아편 폐기를 지시하는 임칙서(林則徐). 아편 수입량 급증으로 심각한 사태가 발생하자 청나라 도광제(道光帝)는 임칙서를 보내 외국인 상관을 봉쇄하고 외국 상인들의 아편을 몰수해 녹여버리라 지시했다. 이는 아편전쟁의 시발점이 된다.

당시 영국인들도 자신이 악마 같은 짓을 하고 있다는 사실을 잘 알고 있었다. 영국 교회 지도자들은 "영국의 본성에 이렇게 해로운 것은 없다."고 지적했으며, 한 익명의 목사는 이를 '영국의 국가적인 죄'라고 지칭하기도 했다. 그러나 정치가와 기업인들은 전혀 입장이 달랐다. 그들은 청나라 정부가 아편 수입을 규제하는 것에 분노를 표출했고, 중국 정부에게 배상을 요구하기 위해 '대영제국의 권리, 의무, 이익'을 내세웠다.

전쟁 이후, 영국 정치가와 기업들의 목표는 대부분 달성되었다. 19세기 초반, 영국은 나폴레옹 전쟁에서 승리한 데다, 중국과의 교역에서 발생하던 무역역조를 '아편 판매'로 해결함으로써 산업혁명을 추진할 자본력까지 갖출 수 있게 되었다. 다음은 영국을 견제할 가장 중요한 강자, 미국이 겪은 남북전쟁에 대해 살펴보자.

참고 자료

윌리엄 T. 로, 『하버드 중국사 청』, 너머북스(2014), 250~251, 257, 278~279쪽.

정양원, 『중국을 뒤흔든 아편의 역사』, 에코리브르(2009), 30~31, 116, 118, 159, 163쪽.

김재선, 『아편과 근대 중국』, 한국학술정보(2010), 40쪽.

주경철, 『대항해시대』, 서울대학교출판부(2008), 285쪽.

미야자키 이치사다, 『중국통사』, 서커스출판상회(2016), 487~488쪽.

5장

미국 남부는 왜 그렇게 노예제도 폐지에
강력하게 저항했을까?

남북전쟁(1860~1865년)의 승패를 알고 있는 현대인의 입장에서 보면, 남부동맹이 '노예제'에 집착해 분리 독립을 선언했던 것을 이해하기 어렵다. 노예를 활용하는 강제노동보다는 일용직 근로자들을 고용하는 게 훨씬 이익이 될 것으로 생각되기 때문이다. 그러나 최근 역사학계의 연구에 따르면, 남부 노예제 농장은 매우 높은 생산성을 기록했다고 한다. 다시 말해 사람을 고용해서 일을 시키는 것보다 노예를 부리는 편이 훨씬 더 싸게 먹혔다는 이야기다. 어떻게 이런 일이 가능했는지 자세히 살펴보자.

미국의 경제학자 포겔(Robert Fogel)과 앵거만(Stanley Engerman)은 남북전쟁 직전인 1860년 미국의 지역별 농업 생산성을 비교했는데, 노예 수가 압도적이던 남부가 북부보다 생산성이 무려 35%나 높았다. 특히 노예를 한 명도 쓰지 않은 이른바 '자유민의 농장'은 북부 농장과 별 차이가 없었으나, 노예를 16~50명 정도 고용한 이른바 '중간 규모 노예 농장'은 북부에 비해 생산성이 무려 58%나 높은 것으로 나타났다. 이 데이터만 본

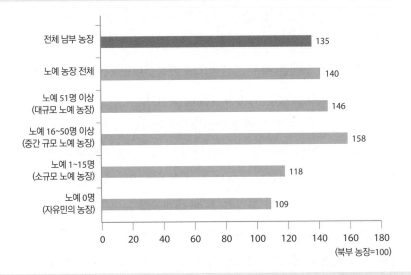

〈도표 3-6〉미국 남부 노예 농장 생산성(1860년 기준)

전체 남부 농장 — 135
노예 농장 전체 — 140
노예 51명 이상 (대규모 노예 농장) — 146
노예 16~50명 이상 (중간 규모 노예 농장) — 158
노예 1~15명 (소규모 노예 농장) — 118
노예 0명 (자유민의 농장) — 109

(북부 농장=100)

출처: 오카자키 데쓰지(2017).

북부의 자유민 농장을 기준(=100)으로 남북전쟁 이전 노예 농장이 어떤 생산성을 보였는지 측정한 것이다. 가장 생산성이 높은 것은 노예를 10~50명 고용한 '중간 규모' 노예 농장이었으며, 전체 노예 농장의 생산성은 북부 농장에 비해 평균 40%나 높았다.

다면, 노예를 부리는 남부 농장주들이 자신의 이익을 저해할 것이라고 믿어지는 북부 위주의 정부(링컨의 공화당 정부) 출범에 강하게 저항하고 군대를 일으킨 것도 충분히 이해가 된다.

그러나 여전히 의문이 남는다. 왜 북부에 비해 남부의 노예 농장의 생산성이 더 높았을까? 가장 큰 이유는 남부의 기후 조건이 농사짓기에 더 적합했다는 데 있겠지만, 이 외에도 두 가지 중요한 이유가 있다. 하나는 남부 농장이 노예를 매우 효율적으로 배분했다는 것이고, 다른 하나는 노예 개개인의 생산성이 꽤 높았다는 것이다.

남부 노예 농장주들은 노예를 활용하기에 적합한 작물을 선택했다. 대체로 농번기가 서로 다른 두 작물인 면화와 옥수수를 선택하였는데, 옥수수는 파종 시기가 면화보다 빠르고, 수확기는 유연하게 선택할 수 있다는 장점이 있다. 이뿐만 아니라, 노예 개개인의 능력을 파악해서 적절하게 일을 배분했다. 예를 들어 값비싼 20~30대 남자 노예는 가래를 이용한 작업에 집중 배치하는 한편, 괭이를 이용한 작업은 소년 노예와 성년 여자 노예에 할당하는 식이었다.

노예 개개인에게 적절한 일을 시키는 것뿐만 아니라, 노동 조직도 적절하게 설계했다. 예를 들어 파종 작업과 제초 작업을 각각 다른 작업 집단에게 맡기는 식이었다. 이렇게 조직을 구분해 일을 맡김으로써 '더 나은 식사' 혹은 '더 많은 휴식'을 원하는 집단이 다른 집단의 작업을 재촉하고 경쟁하게 했다. 경쟁에서 뒤처진 집단에게는 식사량이나 휴식 시간의 조절은 물론, 가혹한 체벌이 뒤따랐다. 참고로 포겔과 앵거만은 미국 남부의 루이지애나 주에서 노예 농장을 운영하던 농장주의 일기에서 노예 체벌 데이터를 확보했는데, 이를 통해 그가 180명의 노예에 대해 1840년 12월 이후 2년간 총 160회의 채찍질을 행했음을 알 수 있었다.

노예 1인당 연 평균 0.7회의 채찍질을 가한 셈이다.

남부가 노예 노동에 힘입어 농업 생산성의 향상을 달성한 반면, 북부에서는 전혀 다른 형태의 혁명이 진행되고 있었다. 사람들의 창의력을 자극함으로써 혁신을 지속시키는, 이른바 '산업혁명'이다. 특히 당시 미국 북부의 기업가들은 세계 최고 수준의 총을 만들어내는 위업을 달성했다.

1853년 발생했던 크림전쟁(Crimean War, 러시아에 맞서 프랑스와 영국이 연합한 전쟁)에서 연합군은 막강한 육군을 보유한 러시아를 쳐부쉈는데, 제해권을 가진 영국 해군이 흑해(黑海)를 자기 집처럼 드나들면서 신형 라이플 소총을 끊임없이 보급한 게 결정적 요인이었다. 러시아군은 구식 머스킷총을 사용하고 있었는데, 머스킷총은 부싯돌을 장착해 사격하는 재래식 총으로, 숙련된 총사는 1분에 2발 내외를 발사할 수 있었다. 그런데 머스킷총은 총대 안에 강선(鋼線 rifle, 파이프처럼 생긴 긴 총대 안에 새겨진 홈)이 없어서 상대를 살상할 수 있는 유효 사거리가 180미터에 불과했다. 그러나 프랑스와 영국 연합군이 보급받은 신식 라이플총은 강선이 있어서 유효 사거리가 약 900미터에 달했다. 또한 머스킷총은 9단계에 달하는 구분 동작이 필요할 정도로 조작이 힘든 반면, 신형 라이플총은 표준화된 탄환을 장전하는 것만으로 바로 사격을 가할 수 있다는 이점도 있었다.

그런데 크림전쟁에 사용된 신형 소총을 제조한 곳이 바로 미국 매사추세츠 주 스프링필드의 미합중국 조병창과 코네티컷 강 유역의 민간 기업들이었다. 미국 북동부의 제조업자들은 19세기 초반 영국에서 시작된 산업혁명의 성과를 신속하게 받아들였고, 1820~1850년에 걸쳐 이른바 '미국식 제조 시스템'을 개발해냈다. 이 시스템의 핵심은 자동 또는 반자동 선반(旋盤)을 사용하여 정해진 모양대로 부품을 깎아내는 것이었다. 이런 공작 기계 덕분에 다른 기계에서도 사용 가능한 부품들을 만들어낼 수 있었고, 개개인의 능력이 조금 부족하더라도 신속하게 그리고 대량으로 라이플소총을 조립할 수 있었다.

물론 선반은 비쌌고, 재료의 낭비도 심했다. 그러나 크림전쟁처럼 총기가 대량으로 필요한 경우에는, 이런 식의 자동식 생산이 충분히 채산성이 맞았다. 1851년 런던에서 열린 만국박람회는 미국 제조업의 경쟁력을 보여준 역사적 기회가 되었다. 이때 총기 제조업자 새뮤얼 콜트(Samuel Colt)는 자기 회사의 리볼버 권총을 분해하여 부품들을 뒤섞은 다음, 집히는 대로 부품을 모아 다시 권총을 조립하더라도 제대로 발사된다는 것을 보여주었다.

북부의 생산력이 이렇게 높은 수준에 도달한 데다, 전쟁 초기 남부 연합이 섬터 요새(Fort Sumter)를 선제 공격하여 중립적 입장을 지키고 있던 애팔래치아산맥 사람들을 북부 지지로 돌림으로써 팽팽했던 균형이 북부 쪽으로 기울어졌다고 할 수 있다. 참고로 애팔래치아산맥 사람들은 북

남부 연합군의 섬터 요새 공격. 이 사건으로 남북전쟁의 승기는 북부로 기울어졌다.

부의 양키와 남부의 노예 농장주 모두를 싫어했지만, 누군가가 정의롭지 못한 행동을 했을 때 분노하며 떨쳐 일어나는 특성을 지니고 있었다.

그러나 장기적으로 볼 때, 애팔래치아산맥 사람들이 북부의 편을 들지 않았더라도 승패는 이미 갈린 것이나 다름없었다. 북부는 제조업뿐만 아니라 수송 체계에서도 압도적인 우위를 가지고 있었기 때문이다. 1830년 '볼티모어-오하이오 철도'가 부설되는 등 북부는 거미줄 같은 철도망으로 연결되어 있었다. 1865년 워싱턴에서 암살당한 링컨 대통령의 시신이 2,575킬로미터 떨어진 고향 스프링필드로 신속하게 이동한 바 있다. 시속 35킬로미터의 속도로 2천 킬로미터가 넘는 장거리를 쉬지 않고 이동할 수 있는 운송 수단을 가지고 있는 군대가 전쟁에서 패하기는 쉽지 않은 일 아니겠는가?

참고 자료

오카자키 데쓰지, 『제도와 조직의 경제사』, 한울아카데미(2017), 181~183쪽.
윌리엄 맥닐, 『전쟁의 세계사』, 이산(2005), 308~309쪽.
홍춘욱, 『잡학다식한 경제학자의 프랑스 탐방기』, 에이지21(2018), 183쪽.
콜린 우다드, 『분열하는 제국』, 글항아리(2017), 263~265쪽.
빌 로스, 『철도, 역사를 바꾸다』, 예경(2014), 28~31, 100~103쪽.

3부로부터 얻은 교훈
생산성 증가가 빠른 혁신 국가에 투자하라!

　남북전쟁 이후의 미국과 산업혁명을 주도한 영국의 황금기 이야기를 통해 한 가지 교훈을 얻을 수 있다. 경제가 꾸준히 성장하는 나라, 다시 말해 생산성 주도의 경제성장을 이루는 나라에 투자해야 한다는 것이다.

　미국이 지난 100년간 연 7%의 주가 상승을 기록했던 건 생산성의 혁신에 힘입은 지속적인 경제성장 덕분이다. 반면 생산성 향상이 이뤄지지 않은 일본 같은 나라는 주식시장이 기나긴 침체에 빠져 신음했다. 〈도표 3-7〉은 1960년대 이후 미국과 일본의 1인당 국민소득 추이를 보여준다. 1990년까지만 보면 일본이 미국을 역전해 나가지만, 그 이후 순식간에 역전 당하는 것을 발견할 수 있다. 왜 이런 일이 벌어졌을까?

　여러 이유가 있겠지만, 가장 큰 요인은 생산성 향상 문제라 볼 수 있다. 1980년대 일본 경제는 부동산 가격 급등에 힘입어 갑자기 부유해졌던 반면, 생산성 향상은 오히려 저해되고 있었다. 일본의 그 쟁쟁하던 전자회사들 중 지금 그 명성을 유지하고 있는 곳은 소니, 파나소닉, 캐논 정도에 불과하다.

⟨도표 3-7⟩ 1960년 이후 미국과 일본, 우리나라의 1인당 국민소득

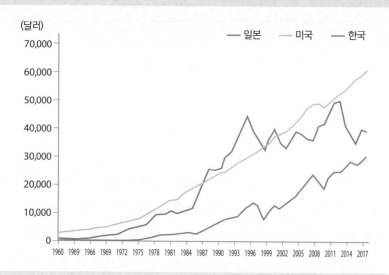

출처: 세계은행 데이터베이스.

1960년부터 미국, 일본, 우리나라의 1인당 국민소득을 보여주는데, 단위는 달러다. 그리고 시장에서 거래된 달러로 측정된 것이기에, 소득의 증가가 '인플레'로 부풀려진 측면도 있다. 그러나 이 모든 것을 감안하더라도 미국과 우리나라 등의 산업국가는 매년 꾸준한 성장을 달성했음을 확인할 수 있다. 반면 일본은 1990년대 초까지는 성장을 기록했지만, 이후 버블 붕괴와 생산성 향상 정체로 1인당 소득이 제자리에 머물고 있다.

물론 생산성을 꾸준하게 향상시키는 나라는 세계적으로도 그렇게 많지 않다. 좁혀 보면 미국이나 독일, 우리나라, 중국 등이고 넓혀 봐도 스웨덴, 이스라엘, 아일랜드 등 몇몇 나라가 추가될 뿐이다. 그럼 소수의 혁신 국가를 제외한 다른 나라는 어떻게 부유해졌을까?

이웃을 잘 둔 덕분에 부유해진 나라들이 대부분이다. 남유럽 국가와 미국 주변의 여러 나라(및 식민지)가 여기에 해당한다. 부유한 이웃들이 여행을 오고, 상대적으로 저렴한 인건비를 이용해 부유한 이웃에서 경쟁력을 잃어버린 산업을 유치한 덕분이다. 물론 자본이 풍부한 이웃으로부터 '고위험·고수익'을 노린 자금이 유입된 것도 국민소득을 높이는 데 기여했다.

그러나 생산성 향상에 의지한 성장이 아니기에, 부유한 이웃의 기호가 바뀌거나 기술의 흐름이 달라져 기업들이 다시 돌아갈 경우에는 큰 어려움에 처하게 된다. 2011년부터 시작된 남유럽 재정 위기, 1980년대부터 빈발했던 중남미 외환위기가 그 좋은 예다. 따라서 어떤 나라가 호황을 이뤄 좋은 투자처로 떠오를 때는 그 호황이 생산성 향상에 의한 것인지 아니면 다른 요인에 의해 빚어진 일인지를 구분하는 것이 투자의 첫 단계라 할 수 있다.

참고 자료

블룸버그, "These Are the World's Most Innovative Countries", 2019.1.21.

차명수, 『기아와 기적의 기원』, 해남(2014), 15~16쪽.

이지평, 이근태, 류상윤, 『우리는 일본을 닮아가는가』, 이와우(2016), 205쪽.

4부

대공황,
아 대공황!

The History of Money

1장
제1차 세계대전은 왜 뜻밖의 사건이었나?

제1차 세계대전(1914~1918년) 발발 직전, 주요 산업국가들은 '팍스 브리타니카(Pax Britannica)', 즉 영국 주도의 평화를 경험하고 있었다. 영국이 다른 나라보다 결코 군사적 우위에 있지 않았음에도 '팍스 브리타니카'를 만들고 유지할 수 있었던 건 자본시장에서 압도적인 우위를 차지하고 있었기 때문이다.

19세기 후반, 세계적인 경제지, 〈이코노미스트〉의 편집장이던 월터 배젓(Walter Bagehot)은 당시 주요 금융센터에서 가용한 예금 양을 측정한 바 있는데, 런던이 다른 경쟁 도시보다 예금 규모가 월등하게 컸음을 발견할 수 있었다. 물론 넬슨 제독 이후 바다의 패권을 유지하던 강력한 해군이 뒷받침되었기에 가능했겠지만, 이렇게 형성된 영국의 영향력은 금융을 통해 더욱 강해졌다고 볼 수 있다.

그럼 영국은 어떻게 압도적인 금융 시장을 만들 수 있었을까? 당시 영국 경제가 산업혁명 덕분에 앞서 나간 것은 분명한 사실이지만, GDP 규모는 프랑스보다 28%밖에 크지 않았다. 그러나 런던과 파리 자본시장의

<도표 4-1> 세계 주요 금융센터의 가용 예금 규모(1873년)

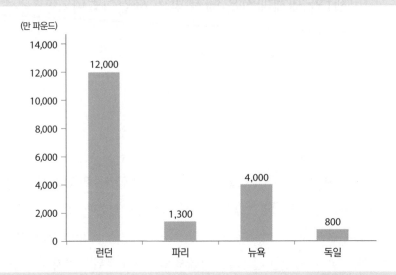

(만 파운드)

출처: 윌리엄 번스타인(2017).

세계적인 금융센터에 얼마나 많은 예금이 있는지 비교한 것으로, 런던에 압도적인 예금이 있음을 알 수 있다. 우리나라 사람들이 종종 달러 예금을 하듯, 19세기에는 전 세계 부자들이 런던에서 파운드화 예금을 하는 게 일반적이었다. 파운드의 가치가 매우 안정적인 데다 거대한 금융시장이 있어서 자유롭게 다양한 상품에 투자할 기회가 열려 있었기 때문이다.

규모는 9배가 넘게 차이가 났다. 이런 큰 차이가 발생한 이유는 '역사적 경험'에 있을 것이다. 영국 정부는 명예혁명 이후 지속적으로 금융 시장 참가자의 신뢰를 쌓은 반면, 프랑스는 존 로의 '미시시피 회사' 사건에서 보듯, 대중의 신뢰를 번번이 저버렸다. 이 결과 대부분의 프랑스 사람들은 귀금속을 시중에 유통시키기보다 만일에 대비해 침대 밑에 보관하게 되었다. 그런데 금융 시장만큼 '규모의 경제'가 작동하는 곳이 없다 보니 예금이 풍족한 곳은 더욱 돈이 넘쳐 흐르고, 예금이 부족한 나라는 한없이 돈이 부족해지기 마련이다. 은행에 100억 원이라는 목돈이 예치되어 있다면 이를 다양한 곳에 대출해줄 수 있다. 그러나 수백만 원 혹은 수천만 원의 돈이 집집마다 쪼개져 있다면, 이는 아무런 힘을 발휘하지 못한다. 어느 누구도 그 돈을 찾을 수 없고 누구에게 물어보아야 할지도 모르기 때문이다.

런던 금융 시장이 가진 장점은 '규모의 경제'뿐만이 아니었다. 안정적으로 '금본위제도(金本位制度, gold standard)**'를 유지하는 데 성공하여 영국 파운드에 대한 신뢰가 대단히 높아져 전 세계 투자자들이 자국 돈보다 파운드를 선호하는, 이른바 '기축통화의 이점'을 누릴 수 있었다. 전쟁 직전이던 1913년 프랑스 은행이 보유하던 금이 6억 7,800만 달러, 미국 재무부가 보유하고 있던 금이 13억 달러였던 데 비해, 잉글랜드 은행은 단 1억 6,500만 달러의 금만 보유하고 있었음에도 얼마든지 세계 금융센터로의 역할을 수행했다.

런던이나 뉴욕 같은 금융센터는 불가사리처럼 주변의 다른 금융 중심지를 흡수하는데, 이는 대부분의 시장 참가자들에게 좋은 일이다. 독일

---

* 순금 1온스=35달러(1944년)라는 식으로 통화의 가치를 금의 가치에 연계시키는 화폐제도로, 19세기에 영국을 중심으로 발전되었다.

의 크루프(Krupp)처럼 거대한 자본을 투입해 철강 공장과 기계산업을 시작하는 자본가들 입장에서, 런던이라는 금융센터는 하늘이 내린 선물처럼 느껴졌을 것이다.

이런 배경을 감안하고 보면, 1914년 세르비아의 사라예보에서 오스트리아 황태자가 암살당한 일이 제1차 세계대전의 불씨가 되리라고 생각한 사람이 많지 않았던 건 충분히 이해가 될 것이다. 유럽은 교역으로 서로 긴밀하게 엮여 있던 데다, 특히 파운드화의 금융 패권이 너무 강해 전쟁이 발생하는 순간 런던에 있던 적대국의 자산이 동결될 가능성이 높았으니 말이다. 물론 1차 대전 초기에 독일·오스트리아 동맹국에게 승리의 기회가 없었던 것은 아니다. 개전 초기 독일이 슐리펜 계획(Schlieffen Plan)*에 따라 프랑스 파리를 점령했다면 유리한 조건으로 종전 협상을 할 수 있었다. 혹은 러시아 혁명이 1917년이 아니라 그 이전에 발생했더라면 동부전선에 있던 병력을 서부전선에 조기에 투입해 승부를 결정지을 수 있었을지도 모른다. 그러나 1차 대전이 장기전의 수렁에 빠져들면서 독일이 영국이 주도하는 연합군을 이기기란 불가능했다. 개전 초에는 비축된 자원을 이용해 전쟁을 치를 수 있었지만, 1~2년이 지난 다음에는 대책이 없었다.

모든 참전국은 전쟁 동안 꾸준히 전쟁 채권을 발행하면서, 국채를 전혀 사본 적도 없는 사람들에게 국채 구입이야말로 애국적 행위라고 설득했다. 반면, 연합국은 런던이나 뉴욕 같은 금융 시장이 형성된 곳에서 채권을 발행했다. 결국 독일과 오스트리아 등 이른바 '동맹국'은 전쟁에 필요한 자금을 조달하기 위해 중앙은행에서 돈을 빌릴 수밖에 없었다.

* 독일(프로이센)의 참모총장 A.G.von 슐리펜이 1906년에 러시아 및 프랑스와의 양면전쟁(兩面戰爭)에서 독일이 승리하기 위한 방법을 제시한 작전계획이다.

1914년 6월 28일 사라예보에서 오스트리아 황태자가 암살된 사라예보 사건을 묘사한 삽화. 1914년 7월 12일에 발행된 이탈리아의 신문 〈라 도메니카 델 코리에레(La Domenica del Corriere)〉에 실린 것이다.

사건 현장에서 체포되는 암살자 가브릴로 프린치프. 그는 보스니아라는 민족주의 조직에 속한 18세 청년이었다.

그러나 당시에는 '금본위제'를 채택하고 있었기에, 중앙은행이 가지고 있는 귀금속의 양을 넘어서는 은행권 발행은 불가능했다.

정부에게 빌려준 돈은 결국 다시 시중에 풀리기 마련이니, 1915년 이후 독일은 '금본위제'가 폐지된 것이나 다름없었다. 그리고 대중들이 이 사실을 인지하는 순간, 지폐를 버리고 금이나 은 같은 귀금속을 보유하기 위해 행동할 위험이 높아지게 될 것이었다.

참고 자료

윌리엄 번스타인, 『부의 탄생』, 시아(2017), 228~230쪽.
윌리엄 맥닐, 『전쟁의 세계사』, 이산(2005), 407쪽.
니얼 퍼거슨, 『금융의 지배』(EPUB), 민음사(2016), 105, 107~108쪽.

2장

독일에서 하이퍼 인플레가 발생한 이유는?

이번 장은 독일에 집중해보자. 1차 세계대전 말, 독일은 결정적인 패배를 당한 적이 없음에도 식량난 속에 발생한 혁명으로 항복할 수밖에 없었다. 전쟁이 끝난 후 빌헬름 2세 황제마저 네덜란드로 망명함에 따라 독일은 일종의 무정부 상태가 되고 말았다. 엎친 데 덮친 격으로 전쟁에 대한 책임 등을 협의한 파리평화회의(Peace Conference at Paris)에서, 프랑스를 비롯한 승전국이 독일에 1,320억 금 마르크(gold marks)라는 막대한 배상금을 부과하였다. 참고로 배상금 규모는 전쟁 전 기준 독일 국민총생산의 3배를 뛰어넘는 액수다.

매년 갚아야 하는 배상금 규모는 국민소득의 10%이자 전체 수출액의 80%에 이르렀기에, 신생 독일 정부는 재정적자를 벗어날 길이 없었다. 엄청난 재정수요를 민간에서의 차입으로 해결할 수 있으면 좋지만, 1차 세계대전 중 독일 정부는 중앙은행의 발권력(發券力)에 의지해 전쟁 비용을 조달했을 정도로 국민들에게 신뢰를 잃은 터라 이 해결책은 사실상 불가능했다. 게다가 정치적 리더십도 부족했기에, 세금을 인상하기도 어

제1차 세계대전 종료 후, 전쟁에 대한 책임과 유럽 각국의 영토 조정, 전후의 평화를 유지하기 위한 조치 등을 협의한 일련의 회의인 파리평화회의 중 1919년 체결된 베르사유 조약 서명 장면

려웠다.

　이런 상황에서 독일 정부가 택할 수 있는 유일한 방법은 통화증발이었다. 즉, 중앙은행에 금이 존재하지 않는데도 중앙은행권을 찍어내고 이 돈을 금으로 바꿔 프랑스 등 전승국에게 지불하는 형태를 취했던 것이다. 물론 1921년에는 이 방법이 먹혔다. 사람들이 정부가 어떤 짓을 하는지 몰랐던 데다, 가격이 매우 경직적(硬直的)이었기 때문이다.* 임금은 매달 혹은 매주 조정되는 게 아니라 1년에 한 번 조정되는 성격을 지니고 있고, 또 각 기업들이 가격표를 바꿔 다는 데 비용도 발생하고 혼선이 생길 수 있다고 여겨 즉각적으로 변동 사항을 가격에 반영하지 않았던 것이다.

　그러나 정부가 보유한 금도 없이, 아니 금을 계속 프랑스에 지불하면서도 화폐를 발행하고 있다는 것을 사람들이 눈치채기 시작하면서 심각

* 초과 수요·공급이 가격 변동에 영향을 주지 않는 상황으로, 이를 가격의 경직성(rigidity of price)이라 한다.

한 문제가 발생했다. 여러 네트워크를 가지고 있고 해외 사정에도 밝은 금융 및 기업가들이 인플레 징후를 제일 먼저 알아차렸다. 여러분이라면 어떤 행동을 취하겠는가? 그렇다. 곧 휴지조각으로 변할 독일 마르크화를 다른 나라 화폐, 예를 들어 영국 파운드나 미국의 달러로 환전해 해외에 예치하는 게 가장 좋은 선택일 것이다. 이 결과 독일은 1922년부터 자본수지 적자가 심화되었고, 이에 따라 독일 마르크 환율은 급등하기 시작했다. 환율이 급등하면 수입물가가 상승할 수밖에 없으며, 수입물가 상승은 전체 물가 인상으로 이어진다.

1920년 이후 독일에서는 월간 기준으로 물가가 50% 이상 오르는 현상이 나타났다. 이를 하이퍼 인플레이션(Hyper-Inflation)이라고 부르는데, 최근 짐바브웨, 베네수엘라에서 발생했던 사건 또한 이것이다. 하이퍼 인플레가 발생했다는 것은 지폐, 다시 말해 중앙은행권에 대한 신뢰가 완전히 무너졌다는 뜻으로 해석할 수 있다. 월 50% 이상 물가가 오르는 상황에서는 월급을 받는 즉시 현물로 바꾸는 게 이득이 된다. 즉, 모든 사람이 지폐를 버리고 현물을 사기 위해 달려드는 상황이 벌어진다고 보면 된다.

1923년 당시 독일 화폐

⟨도표 4-2⟩ 1차 대전 및 그 이후의 유럽 물가 상승률(1914년=1)

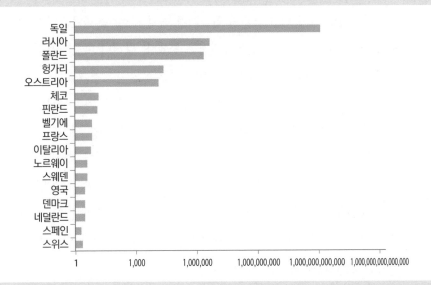

출처: 니얼 퍼거슨, 『현금의 지배』, 김영사(2002). 163쪽.

1914년 1차 세계대전 이후 유럽 각국은 엄청난 인플레를 겪어야 했다. 도표에서 가로축의 눈금 하나가 1천 배씩 늘어나니, 가장 끝에 있는 단위는 1천 조다. 다시 말해 독일은 1조 배 이상의 물가상승을 경험했던 셈이다. 이렇듯 물가가 급등하면, 파운드나 달러 혹은 실물자산을 가진 사람은 승자가 되고, 반대로 예금이나 연금 등 금융자산을 가진 사람은 가장 큰 패자가 된다.

이런 상황에서는 경제가 돌아갈 수 없다. 1923년 독일의 산업생산은 1914년의 절반 수준으로 떨어졌다. 무엇보다 끔찍한 건 이러한 경제 위기가 낳은 사회·심리적 트라우마였다. 돈의 가치가 떨어져 돈으로 된 모든 형태의 부와 고정수입이 무가치하게 여겨지게 된 것이다.

물론 독일에서 발생한 하이퍼 인플레가 해외 채권, 즉 파운드나 달러로 발행된 채권의 가치를 떨어뜨리지는 못했다. 달러나 파운드에 대한 독일 마르크 환율도 급등해버려 외채에 대한 상환 부담은 하이퍼 인플레 이전이나 큰 차이가 없었기 때문이다. 그렇지만 전쟁 전후 누적된 독일 국내의 모든 부채는 청산되었다. 엄청난 인플레로 인해, 가격이 고정된 모든 것의 실질가치가 폭락하는 결과를 낳았기 때문이다. 가장 큰 피해자는 고정적인 연금 수입을 받아 생활하던 사람들이었으며, 독일 정부의 채권을 구매했던 사람도 대부분의 재산을 잃어버리게 되었다. 반면 토지나 공장 등 실물자산을 가진 사람들이나 다른 이에게 빚을 진 사람들은 승자가 되었다.

그런데 실물자산을 보유하면서 다른 이에게 큰 빚을 진 경제 주체는 정부와 기업 딱 둘뿐이었다. 결국 독일의 하이퍼 인플레는 대다수 국민을 가난하게 만들면서 국가와 기업의 배를 불렸고, 이후 히틀러를 비롯한 전체주의 세력이 득세하는 원인이 되었다. 물론 뒤이어 대공황(大恐慌, The Great Depression)이 발생하지 않고 오랫동안 평화가 이어졌다면, 제2차 세계대전이라는 참화가 발생하지 않았을지도 모른다. 그러나 금본위제에 내재된 불안 요소는 결국 세계 경제를 파탄으로 몰아넣었고, 나아가 전 세계 수십억 사람의 인생을 바꿔놓고 말았다.

다음 장에서는 1929년 대공황이 어떻게 발생했는지 살펴보자.

참고 자료

차명수,『금융 공황과 외환 위기, 1870-2000』, 아카넷(2004), 95~96쪽.

니얼 퍼거슨,『현금의 지배』, 김영사(2002), 163쪽.

다니엘 D. 엑케르트,『화폐 트라우마』, 위츠(2012), 169쪽.

피터 L. 번스타인,『황금의 지배』, 경영정신(2001), 368~369쪽.

3장

1929년 미 증시 대폭락의 원인은? 레버리지 투자!

1929년 세계 대공황의 출발점이 그해 10월 말에 발생한 주가 폭락 사태라는 것에 대해서는 많은 경제학자가 공감하는 것 같다. 참고로 세계 대공황이란, 1929년부터 1933년까지 발생했던 역사적인 경기 하강을 지칭한다. 가장 직접적인 충격을 받았던 미국의 경우 1929년 국민총생산(GNP)을 100이라고 가정할 때, 1933년에는 73.5까지 축소되었다.

단 4년 만에 경제의 외형이 무려 26.5%나 줄어들었으니, 경제가 얼마나 큰 타격을 받았는지 짐작될 것이다. 그러다 보니 1929년 10월에 발생한 주가 대폭락 사태에 대해서도 많은 논의가 진행되었다. 여기에서 그 많은 논쟁을 다 소개할 수는 없으니, 최대한 간략하게 주가 폭락의 원인을 짚어보기로 한다.

1929년 10월, 미국 증시가 무너진 가장 직접적인 이유는 그 이전 6년간 주가가 너무 많이 오른 데 있다. 제1차 세계대전 직후인 1920년 스탠더드앤드푸어스500 지수(이하 'S&P500', 미국의 신용평가회사인 S&P에서 작성하는 500대 기업 주가 지수)는 6.8포인트에 불과했으며, 배당수익률은 무려 7.3%에 이르렀다.

참고로 배당수익률이란, 기업의 주가 대비 주당 배당금의 비율을 표시한 것이다. 예를 들어 한 주가 100달러에 거래되는데, 주당 배당금이 3달러라면 이 회사의 배당수익률은 3.0%라고 할 수 있다. 당시 미국의 10년 만기 국채금리가 5.4%에 불과했으니, 주식 배당수익률 7.3%는 대단히 높은 것이었다. 여기에 라디오와 자동차 등 신제품에 대한 수요가 '할부 판매'*에 의해 폭발적으로 늘어나며 기업 실적이 개선되자, 주식시장에 불이 붙었다.

이 대목에서 당시 주식시장 분위기를 가장 잘 전해주는 사례를 소개할까 한다. 1929년 여름, 새뮤얼 크로더(Samuel Crowther)라는 기자가 당시 세계 2위 자동차 회사인 제너럴 모터스(General Motors)의 금융담당 전무이자 민주당 전국위원회 위원장을 맡고 있던 라스콥(John J. Raskob)에게 개인 투자자들이 주식으로 재산을 증식하기 위한 투자 방법을 물었다. 그러자 라스콥은 "미국 경제가 거대한 산업 팽창의 순간에 놓여 있으니, 매월 15달러의 자금을 들여 우량주에 투자한다면 20년 후 약 8만 달러의 재산을 획득할 수 있을 것"이라고 조언하며, 모든 투자자가 부자가 될 수 있다고 단언했다.

라스콥뿐만 아니라 대공황이 발생하기 2주 전인 1929년 10월 15일, 세계적인 경제학자 어빙 피셔(Irving Fisher) 교수도 펀드매니저와 각 회사의 재무담당자들이 모인 회의에서 "주식 가격은 곧 지금까지 도달하지 못한 매우 높은 수준에 이를 것"이라고 단언했다. 나아가 1928년 12월 4일, 미국의 캐빈 쿨리지(Calvin Coolidge) 대통령은 퇴임 직전 마지막 의회 연설에서 "지금까지 어떤 의회도 현재에 나타나는 것만큼 마음에 드는 전망을

---

* 상품 인도 시에 대금의 일부(계약금)만을 받고 나머지는 일정 기간에 걸쳐 분할해서 받는 판매 방법.

만난 적이 없을 것입니다. (중략) 국내에는 평화와 만족이 있으며 번영기의 최고 기록이 있습니다."라고 낙관론을 펼쳤다. 그도 그럴 것이 1925년에서 1929년 사이, 미국의 공장 수는 18만 4천 채에서 20만 6천 7백 채로 증가했으며, 생산액은 608억 달러에서 680억 달러로 늘었다. 그뿐 아니라 1921년 67포인트였던 산업생산지수는 1929년 6월 126포인트에 달했다.

그러나 주식 투자의 매력은 빠르게 떨어지고 있었다. 1928년 주가수익비율(PER, Price to Earnings Ratio)이 16.3배까지 상승하고, 배당수익률마저 3.48%까지 떨어졌던 것이다. 참고로 주가수익비율이란, 기업이 한 해에 벌어들인 이익과 주가를 비교한 것이다. 예를 들어 주당 100달러에 거래되는 기업의 주당순이익(EPS, Earning per Shares)이 10달러라면, 이 회사의 주가수익비율은 10배가 된다. 그런데 주가수익비율이 몇 배면 버블이고, 또 얼마면 저평가된 것이지 판단할 수 있는 절대적인 잣대는 없다. 다만 과거 평균 수준에 비해 주가수익비율이 너무 높을 경우에는 버블의 위험이 커진다고 볼 수 있다. 1871년부터 1920년까지 S&P500지수 주가수익비율 평균이 14.9배였던 것을 감안할 때, 1928년 미 증시는 이미 고평가 국면에 진입했다고 봐도 무방할 것이다(1929년 10월 초의 주가 고점은 1928년의 평균주가보다 30% 이상 상승했다).

주식시장의 열기가 달아오른 가운데, 여러 가지 위험 징후가 나타나기 시작했다. 무엇보다 한 번도 주식에 투자해보지 않은 사람들이 시장에 참여하는 것은 물론, 빚을 내 투자 자금 규모를 불려 나가는 일(이하 '레버리지(leverage) 투자')이 빈번해졌다. 이 대목에서 잠깐 레버리지 투자에 대해 살펴보자. 예를 들어 10만 달러의 자기자본을 가진 투자자가 원금의 2배에 해당하는 부채를 쓴다고 가정하면, 그의 총 투자 규모는 원금 10

만 달러에 차입금 20만 달러를 합쳐 30만 달러가 될 것이다(계산 편의를 위해 차입 이자를 10%라고 가정하자). 만일 그가 투자한 주식이 연 20% 상승한다면? 그는 주식투자로 6만 달러의 수익을 얻는 셈이 되며, 부채에 따른 이자를 감안해도 원금대비 투자 수익률은 40%가 될 것이다. 부채 덕분에 투자자의 실질적인 투자 수익률이 크게 늘어났음을 알 수 있다.

그러나 주가가 하락하기 시작하면, 레버리지 투자는 심각한 문제를 일으키게 된다. 예를 들어 1년 동안 주가가 30% 하락한다면, 그의 총 투자금(30만 달러)은 21만 달러로 줄어들 것이며 투자 원금은 단 1만 달러만 남을 것이다. 여기에 부채 20만 달러에 대한 이자 2만 달러를 감안하면, 그의 순자산은 마이너스 1만 달러가 된다. 물론 돈을 빌려준 금융기관이 이를 그대로 지켜볼 리가 없다. 차입금을 상환하지 못할 정도의 주가 폭락을 겪을 때, '마진콜(Margin Call)'이 발생한다. 마진콜이란, 말 그대로 '추가적인 담보 주식이나 현금을 예치하지 않는 한, 강제로 보유 주식을 매도해 대출을 회수하겠다'는 통보 전화를 의미한다. 결국 레버리지 투자가 급격히 증가한 상황에서 주가가 하락하기 시작하면 연쇄적인 악순환이 발생하게 된다.

이런 일이 1929년 미국 주식시장에서 대규모로 벌어졌다. 1924년 말 레버리지 투자 규모는 22.3억 달러에 불과했으나, 1927년 말에는 44.3억 달러로, 그리고 1929년 10월 4일 대공황 직전에는 85.0억 달러로 불어났다. 주식시장의 격언에 '산이 높으면 골이 높다'는 말이 있는데, 1929년 10월 이 격언은 정확하게 들어맞았다. 초보 투자자의 비중이 높아지고, 투자 매력이 약화된 상황에서 시장금리가 상승한 것은 주식시장에 치명적인 타격을 가했다.

일단 시장금리 상승의 원인은 다음 장에서 설명하기로 하고, 레버리

〈도표 4-3〉 1924~1929년 증권 관련 대출 추이

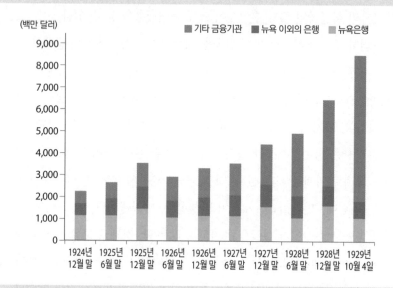

출처: 러셀 내피어(2009)

1929년 대공황 직전 증권 관련 대출 현황을 보여주는데, 1929년이 가까워질수록 '기타 금융기관'의 대출이 급격히 증가하는 것을 발견할 수 있다. 여기서 '기타 금융기관'이란, 신탁회사 등 다양한 종류의 금융기관을 총칭하는데, 1907년 금융 공황 등 미국에서 발생한 대부분의 금융위기는 이들 '기타 금융기관'이 증권 대출을 제때 회수하지 못해 파산하면서 시작되었다.

지 투자가 크게 늘어난 상황에서 시장금리가 오르면 발생하는 두 가지 문제를 살펴보자. 첫 번째 문제는 대출 이자율의 상승이 곧 투자 수익의 악화로 연결된다는 것이고, 또 다른 문제는 일부 투자자들 중에서 대출 금리 상승을 계기로 주식보다 채권 투자가 더 매력적이라고 판단해 부채를 상환하기 위해 보유 주식을 매각할 가능성이 높아진다는 것이다.

특히 문제가 된 것은 당시 뉴욕 연방준비은행(이하 '연은')의 재할인율이 1928년 2월 3.5%에서, 1929년 8월에는 6.0%까지 인상되었다는 점이다. 여기서 재할인율이란, 중앙은행이 민간 은행에게 대출해주는 금리라고 보면 된다. 은행들이 중앙은행에서 빌리는 금리가 올라가면, 은행들이 고객에게 돈을 빌려줄 때 제시하는 대출금리도 상승하기 마련이다. 이 결과, 은행 간 시장에서 거래되는 단기금리, 즉 콜금리도 급등하기 시작했다. 1928년 1월 콜금리는 4.24%에 불과했지만, 1929년 7월에는 9.23%까지 상승했다.

다음 장에서는 대공황을 유발한 뉴욕 연은의 금리인상이 어떤 배경 속에서 이뤄졌는지 자세히 살펴보자.

참고 자료

양동휴,『1930년대 세계 대공황 연구』, 서울대학교출판부(2000), 5쪽.
홍춘욱, 이운덕, 이길영,『알고 하자! 돈 되는 주식투자』, 가림M&B(2002),
　　115~116쪽.
제러미 시겔,『주식에 장기 투자하라』, 이레미디어(2015).
러셀 내피어,『베어 마켓』, 예문(2009), 157, 164~165쪽.
벤 버냉키,『벤 버냉키, 연방준비제도와 금융위기를 말하다』, 미지북스(2014),
　　34~35쪽.

4장

뉴욕 연방준비은행은
왜 금리를 공격적으로 인상했나?

앞서 1929년 뉴욕 연방은행의 공격적인 금리인상이 주식시장의 붕괴를 유발했음을 살펴보았다. 그런데 왜 뉴욕 연은은 금리를 인상했을까? 이에 대해서는 두 가지 설명이 제시된다. 첫째, '금본위제' 때문이라는 것이다. 이 대목에서 잠깐 금본위제의 구조를 살펴보자. 어떤 나라의 소비가 늘어나서 다른 나라로부터 수입이 급격히 증가하면 무역수지가 악화되고, 이는 결국 금의 유출(=통화공급 감소)로 연결된다. 통화공급이 감소하면 금리가 상승하고, 이는 다시 경제 전체의 수요를 위축시키는 결과를 낳는다. 물론 이 과정에서 해외 상품에 대한 수입 수요 감소로 무역수지가 개선되며, 이는 다시 통화공급을 늘리고 시장 금리를 떨어뜨려 경제에 활력을 불어넣는다.

금본위제에서는 중앙은행이 하는 일은 크게 두 가지 정도로 국한된다. 하나는 신뢰할 수 있는 화폐, 다시 말해 중앙은행권을 발행하여 금속화폐가 지니고 있던 불확실성을 덜어주는 것으로, 이는 가장 중요한 임무다. 두 번째 임무는 경제에 충격이 발생할 때, 최종 대부자(lender of last resort)

로서의 역할을 담당하는 것이다. 다음 장에서 보다 자세히 이야기하겠지만, 이 두 번째 임무를 당시 세계 각국의 중앙은행이 방기(放棄)했던 것이 세계 대공황 발발에 가장 결정적인 영향을 미쳤다고 볼 수 있다.

이제 시계를 1926년으로 돌려, 영국의 상황을 살펴보자. 당시 영국은 1차 대전에서 승리하기는 했지만, 승전의 기쁨을 누리기는 어려웠다. 앞서 4부 2장에서 살펴본 것처럼, 독일이 하이퍼 인플레를 겪으며 망가졌기에 전쟁 배상금을 받을 방법이 없었다. 이에 더해 전쟁으로 막대한 인명 손실을 입은 데다, 1917년 발생한 러시아 혁명으로 사회주의 운동에 대한 지지가 높아져 사회 또한 매우 불안정해졌다. 이때 영국에게 구원의 손길을 내민 것이 미국이었다. 미국 연방준비제도(이하 '연준')는 1927년 1,200만 파운드를 수령하는 대신 보유하고 있던 금을 영란은행에 공급해주었을 뿐만 아니라, 영국 경상수지를 개선시킬 목적으로 금리인하 및 통화공급 확대와 같은 경기부양정책을 펼쳤다. 지금으로서는 이해하기 힘들지만, 당시 미국과 영국은 피로 맺은 혈맹(血盟) 그 이상의 수준이었기에 가능한 일이었다.

그러나 1927년의 금리인하와 통화공급 확대로 인해 미국 증시에 거품이 형성되자, 1928년 여름부터 연준 이사회는 상업은행에 대한 자금 공급을 중단하는 한편, 이자율을 인상하기에 이른다. 그러나 이 정책은 단기적으로 더 큰 부작용을 낳았다. '금본위제'를 유지하고 있어 국가 간 환율이 고정되어 있는 상황에서 한 나라가 금리를 인상하면 자금 유입이 발생하기 때문이다.

미국으로의 자금 회귀는 해외 자본에 대한 의존도가 높은 호주와 아르헨티나 같은 신흥국 경제에 큰 타격을 주었다. 1929년을 전후한 미국의 금 보유 잔고 동향을 살펴보면, 1928년 금리인상을 전후해 실제로 금

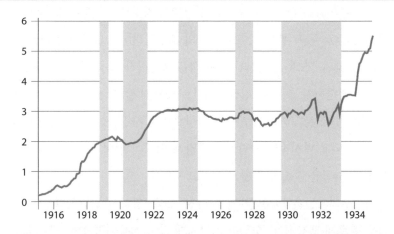

〈도표 4-4〉 미국 연준이 보유한 금 잔고(단위: 10억 달러)

출처: 세인트루이스 연준(https://fred.stlouisfed.org/series/M14062USM027NNBR).
주: 음영으로 표시된 부분은 전미경제분석국(NBER)이 불황이라고 판정한 시기.

최근 세계 각국이 달러를 비롯한 다양한 통화로 외환보유고를 구성해 급히 외화가 필요할 때 이를 사용하듯, 금본위제 시절에는 각국 중앙은행은 금을 보유했다. 그리고 보유한 금을 토대로 화폐를 발행했기에, 금이 유출되면 통화공급이 감소하고 반대로 금이 유입되면 통화공급이 늘어나는 모습을 보였다. 1929년 대공황이 발생한 다음에도 미국의 금 보유량은 줄어들지 않았으며, 미국조차 금본위제를 포기한 1933년에 이르러서야 금의 유출이 나타났다.

보유고가 늘어난 것을 확인할 수 있다. 즉 금리가 인상되어도 해외에서 자금이 유입되기에 긴축 효과는 거의 발생하지 않는 것이다.

그러나 미국 연준은 주식시장에 존재하는 거품을 꺼트리겠다는 강한 의지를 지니고 있었기에, 금리인상 속도를 늦추지 않았다. 당시 미 연준은 청산주의(淸算主意, Liquidationist Theory)에 상당히 경도되어 있었는데, 당시 후버(Herbert Clark Hoover) 행정부(1929~1933년)의 재무장관이던 앤드류 멜런(Andrew Mellon)의 발언, "노동을 청산하자, 주식을 청산하자, 농부를 청산하자, 부동산을 청산하자"를 통해 청산주의가 무엇인지 알 수 있다. 이들은 경제 내 여러 곳에 존재하는 버블을 청산함으로써 사람들이 더 도덕적인 삶을 살게 되고 혁신적인 사람들이 등장해 역량이 떨어지는 자들이 저질러 놓은 파국을 수습하게 될 것이라고 보았다.

청산주의자들은 1920년대가 지나친 호경기였다고 판단했다. 경제가 너무 빠르게 팽창했고, 성장이 지나치게 많이 이루어졌으며, 너무 많은 신용이 풀렸고, 주가가 지나치게 높이 뛰었다는 것이다. 이와 같은 과잉

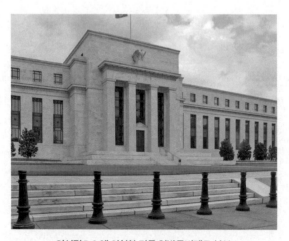

워싱턴 D.C.에 위치한 미국 연방준비제도 본부

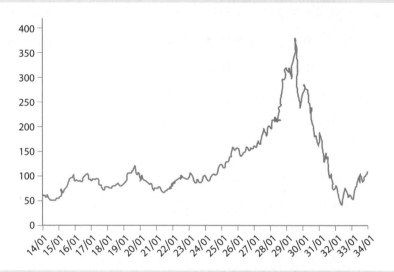

출처: 블룸버그.

대공황 당시 다우지수의 흐름을 보여주는데, 1921년 6월, 68포인트 수준이었던 것이 1929년 8월에는 380포인트까지 급등했던 것을 확인할 수 있다. 그러나 9월부터 하락세로 돌아서다 1929년 10월 28일 폭락한 후, 1932년 5월, 44포인트까지 기나긴 하락 흐름을 이어갔다.

의 시기를 경험했으니, 이제 필요한 것은 디플레의 시기, 즉 모든 과잉을 짜내는 시기라는 주장이 광범위하게 세를 얻었다. 물론 대공황이 발생하면서 청산주의자들의 주장이 실현되었다. 1929년 10월, 미국 주식시장이 패닉을 일으키고 레버리지 투자자들이 연이어 파산하며, 이들에게 돈을 빌려준 금융기관마저 연쇄적으로 부실화되면서 주식뿐만 아니라 경제 전반에 심각한 불황이 출현했다. 특히 당시 가장 인기 있는 주가지수였던 다우존스 산업평균(Dow Jones Industrial Average) 즉, 다우지수는 1929년 10월 28일 단 하루에만 38.33포인트(-12.8%) 하락한 데 이어, 29일 또다시 30.57포인트(-12.7%) 폭락함으로써 단 이틀 만에 23.0%가 하락했다.

그러나 주식시장이 붕괴되고 산업생산량이 급격히 줄어들고 있었음에도 당시 미국 연준과 정책당국의 행동은 더디기만 했다. 다음 장에서 미국 정책당국자들이 어떤 실수를 했는지 보다 자세히 살펴보자.

참고 자료

배리 아이켄그린, 『황금 족쇄』, 미지북스(2016), 43쪽.

차명수, 『금융 공황과 외환 위기』, 아카넷(2004), 110~111쪽.

J. Bradford De Long, "Liquidation" Cycles: Old-Fashioned Real Business Cycle Theory and the Great Depression, NBER Working Paper No. 3546(1990).

벤 버냉키, 『벤 버냉키, 연방준비제도와 금융위기를 말하다』, 미지북스(2014), 40~41쪽.

양동휴, 『1930년대 세계 대공황 연구』, 서울대학교출판부(2000), 16쪽.

5장
대공황은 왜 그렇게 길게 이어졌나?

1929년 10월 말, 주가 폭락 사태로 레버리지 투자자들이 순식간에 자신이 투자한 원금을 다 날린 것은 물론, 돈을 빌린 금융기관까지 연쇄적으로 위기를 맞았을 때, 정책당국이 어떤 행동을 취했다면 대공황을 막을 수 있었을까?

가장 시급한 조치는 금리인하였을 것이다. 1928년 7월, 이미 연준의 공개시장 위원회는 "현재의 고금리가 수개월 더 지속되면 지금으로부터 6개월에서 1년 후에 경기 상황이 영향을 받게 될 것이다."라고 스태프들에게 경고를 들은 바 있었다. 따라서 연준 내에서, 특히 뉴욕 연은행은 주가 폭락 사태가 발생했을 때, 즉각적으로 대응할 준비가 되어 있었다. 뉴욕 연은은 확장적인 공개시장 조작 정책을 펼쳐, 1929년 10월과 11월 사이에 정부의 증권 보유량을 2배로 늘렸다. 여기서 '공개시장 조작'이란, 통화공급을 조절하기 위해 채권시장에 개입하는 조치를 뜻한다. 뉴욕 연은이 정부가 발행한 채권을 시장에서 매입하면, 뉴욕 연은은 채권을 보유하게 되는 대신, 채권을 가지고 있던 사람들은 현금을 보유하

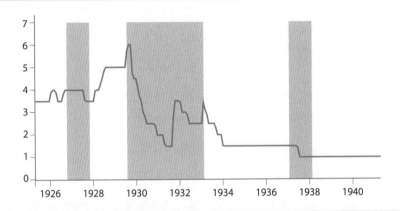

〈도표 4-6〉 1925~1940년 미국 뉴욕 연은의 재할인율 추이(단위: %)

출처: 세인트루이스 연방준비은행(https://fred.stlouisfed.org/series/M13009USM156NNBR)
주: 음영으로 표시된 부분은 전미경제분석국(NBER)이 불황이라고 판정한 시기.

중앙은행은 어음이나 채권을 시장에서 종종 매입하는데, 이때 일정 이율로 할인하여 매입한다. 왜냐하면 이들 어음이나 채권을 매입한다는 것은 중앙은행이 어음 및 채권 보유자에게 대출을 해주는 셈이기에, 만기까지 일정의 이자를 붙이는 게 타당하기 때문이다. 중앙은행이 통화공급을 줄이고 싶을 때는 할인해주는 이자율을 높일 것이며, 이때 어음이나 채권 보유자들은 자신의 채권을 중앙은행에게 매각하려 들지 않을 것이니 결국 시중에 돈이 풀리지 않는 결과를 낳을 것이다. 반대로 중앙은행이 재할인율을 인하해줄 때, 어음이나 채권 보유자들은 예전보다 더 많이 채권을 매각하려 들 것이다.

게 된다. 물론 그 결과 금리도 떨어진다.

그러나 이 조치에 대해 연준 이사회 내에서 강한 반발이 있었다. 당시 해리슨 뉴욕 연은 총재는 "10월과 같은 특별한 상황에서는 개별 준비은행의 이사들이 판단하고 결정을 내릴 권한이 있다"고 주장했지만, 연준 이사회는 뉴욕 연은이 '통화정책의 궁극적 책임이 워싱턴에 있다'는 정신을 어긴 것으로 판단했다. 결국 뉴욕 연은은 11월 초에 연준 이사회의 압박에 굴복했고 공개시장 조작은 중단되었다.

당시 연준 이사회가 강경한 태도를 보인 이유는 연준 이사회의 주요 멤버가 청산주의에 경도되어 있었던 탓이 가장 크다. 그러나 당시 세계 금융시스템을 지배하고 있던 금본위제의 굴레도 큰 영향을 미쳤음을 잊어서는 안 될 것이다. 먼저 주가 폭락 사태로 경제 전반의 수요가 둔화되었다면 경제 전체에 물가는 떨어지고 경제성장률은 하락할 수밖에 없다. 이 상황에서는 정부가 재정 지출을 늘리거나 통화공급을 확대하는 방향으로 대응하는 게 적절할 것이다.

그러나 이렇게 할 경우 1928년 금리인상 이후 벌어졌던 문제와는 정반대의 상황이 발생할 수 있다. 1928년에 주식시장의 버블 위험을 완화하기 위해 금리를 인상하자 해외에서 자금이 유입되어 주식시장에 추가적인 유동성을 공급했던 것처럼, 이제 경기를 부양하기 위해 금리를 인하하면 역설적으로 미국에서 돈이 유출될 수 있기 때문이다. 나아가 정부의 재정지출 확대로 해외로부터의 수입이 늘어날 경우에도 마찬가지 현상이 벌어질 수 있다. 결국 정부가 금을 보유한 만큼만 화폐를 발행하는 '금본위제'를 강하게 유지하려 노력하면 연준의 역할은 제약될 수밖에 없다.

물론 금의 대규모 유출 사태는 끝내 벌어지지 않았다. 미국 무역수지는 여전히 흑자였고, 금의 유출 사태도 발생하지 않았다. 자본수지에서 일회성의 적자가 발생하긴 했지만, 미국이 상대적으로 높은 금리를 유지하고 있었던 데다 경기가 불안정해질 때마다 안전해 보이는 통화를 선호하는 투자자들도 많았기에 미국의 금 보유 잔고는 결코 줄어들지 않았다. 결국 문제가 되었던 것은 '금본위제'의 기본을 지켜야 한다는 당위성이었고, 이 굴레 때문에 적극적인 대책을 취하지 못했다고 보는 게 맞다.

이 대목에서 한 가지 의문이 제기된다. 1929년 이전에도 주식 가격의 폭락에 따른 경기 둔화가 없었던 것은 아닌데, 왜 1929년에는 대공황으로 연결되어 경제와 주식시장 모두 붕괴되고 말았을까?

주가 폭락의 규모가 거대했던 것이 가장 큰 원인이겠지만, 미 연준의 정책 대응이 총체적으로 실패했던 것도 주요한 원인이라 할 수 있다. 4부 2장에서 지적했듯, 수많은 투자자가 돈을 빌려 투자했다가 큰 손실이 났기에 주식 투자 자금을 대출해준 금융기관들도 위기에 직면해 있었음을 연준이 놓치고 있었던 것이다. 다음 장에서 이 문제를 보다 자세히 살펴보자.

참고 자료

배리 아이켄그린, 『황금 족쇄』, 미지북스(2016), 357, 404~406, 411쪽.

벤 버냉키, 『벤 버냉키, 연방준비제도와 금융위기를 말하다』, 미지북스(2014), 25쪽.

차명수, 『금융 공황과 외환 위기, 1870-2000』, 아카넷(2004), 127~128쪽.

양동휴, 『1930년대 세계 대공황 연구』, 서울대학교출판부(2000), 121쪽.

니얼 퍼거슨, 『금융의 지배』(EPUB), 민음사(2016), 13쪽.

6장

은행의 위기가 대공황으로 이어지다!

수많은 경제학자는 1929년의 주가 폭락 사태가 대공황으로 연결된 원인을 파헤치고자 노력했는데, 주된 원인으로 '금본위제'와 '청산주의'적 정부의 태도를 지목했다. 그러나 이에 못지않게 지적된 요인이 바로 은행 위기에 대한 잘못된 대응이다.

〈도표 4-7〉은 대공황을 전후한 부도 은행의 수를 표시한 것이다. 부도 은행이 1929년 976곳에서 1930년에는 1,350곳으로 증가했고, 1933년에는 4,000곳까지 급등하는 것을 발견할 수 있다. 그런데 더 문제가 되는 것은 파산한 은행 수가 아니라, 파산한 은행의 평균적인 예금 규모가 늘어난 데 있다. 다시 말해 소형 은행에서 대형 은행으로, 그리고 개별적인 은행 위기에서 금융 전반의 시스템 위기로 상황이 빠르게 악화되었던 것이다. 특히 1930년 11월 발생한 칼드웰 그룹(Caldwell Group)의 파산은 경제 전체에 일대 공포를 자아냈다. 칼드웰 그룹은 남부 여러 주에 걸쳐 은행과 보험회사, 증권회사 등에 투자한 금융 왕국으로 파산 당시 총 자산 규모가 무려 5억 달러에 달했다.

〈도표 4-7〉 1921년부터 1936년까지 부도가 난 미국 은행의 숫자와 예금 규모

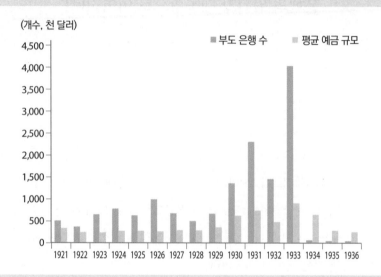

(개수, 천 달러)

■ 부도 은행 수   ■ 평균 예금 규모

출처: 양동휴 등(2000).

1776년 독립 이후 미국에는 수많은 은행이 존재했고, 전국 단위의 거대 은행은 매우 드문 편이었다. 따라서 은행이 부도나는 일은 비일비재했지만, 1929년부터 시작된 은행 부도 사태는 그 이전의 은행 파산과 궤를 달리했다. 연 4천 곳의 은행이 부도가 나서, 대공황 동안 약 2만 곳의 은행이 문을 닫음에 따라 경제 전반에 강력한 '통화공급 감소' 현상이 나타났다.

이런 상황이 닥쳤을 때, 어떤 대응 방법이 있을까? 가장 좋은 방법은 '예금보험' 제도를 도입하는 것이다. 그러나 앞에서 몇 차례 이야기했듯, 청산주의에 빠져 있던 당시 미국 후버 행정부가 이 정책을 도입할 가능성은 전무했다. 이제 유일하게 남은 해법은 중앙은행이 개입하는 것이다. 즉, 중앙은행이 최종 대부자(lender of last resort)로서의 역할을 떠 맡으면 되었다.

최종 대부자 기능이란, 예금을 돌려 달라고 모여든 사람들 때문에 은행이 파산 위기에 처할 때 중앙은행이 긴급 자금을 은행에게 빌려주는 것이다. 물론 신용대출을 해준다는 뜻은 아니다. 뱅크런의 위험에 처한 은행 자산을 담보로 고금리로 대출해주는 것이다. 은행이 보유한 대출이나 채권 등을 저당 잡아 대출해주는 것이니, 중앙은행이 손해를 볼 가능성은 제로에 가깝다. 실제로 2008년 글로벌 금융위기 당시, 미 연준은 긴급 자금 대출로 이후 상당한 수익을 얻었다.

그러나 당시 미 연준은 은행의 파산을 방치했다. 이때도 명분은 '금본위제'였다. 연준이 은행들을 돕기 위해 긴급 대출을 해주어 금리가 떨어지면, 외국인이 금을 인출할 수 있다는 우려가 부각되었던 것이다. 결국 당시 미 연준은 금리를 내리기는커녕 1931년 말 오히려 뉴욕 연은의 재할인율을 인상하기에 이른다.

시장에 돈을 풀고 금리를 내려도 위기에 빠져든 금융기관이 살아날지 불확실한 판에, 금리를 인상하는 등 긴축정책을 펼치자, 미국 경제는 돌이키기 어려운 지경에 빠져들었다. 가장 결정적 문제는 바로 통화공급의 급격한 감소였다. 해외로 금이 유출되는 것만 신경 쓴 나머지, 은행이 파산하면서 발생하는 대대적인 대출 감소를 무시했던 것이다. 1929년 하반기 미국 은행의 대출금은 418.6억 달러 수준이었지만, 1930년 말

1930년대 미국 노숙자들이 지은 판자촌으로 대공황으로 인해 당시 미국 전역에 수천 곳이 생겨났으며, 거주자는 수십만 명에 달했다. 대공황의 책임소재로 비난받은 당시 대통령의 이름을 따 '후버빌'이라 불렀다.

380.5억 달러로 줄어들었고, 은행 위기가 절정에 도달한 1933년 초에는 222.4억 달러 수준이 되었다.

물론 은행들이 나쁜 의도를 가지고 대출을 회수한 것은 아니다. 뱅크런 상황이 빚어지며 대부분의 은행에서 예금이 인출되니 대출을 회수하거나 보유한 채권이나 주식을 매도해 현금을 확보하려 한 것이다. 하지만 기업이나 가계 입장에서는 은행이 대출을 회수하는 순간, 큰 어려움에 처하게 된다. 당연히 만기 연장이 될 것이라고 생각하고 주택을 구입하거나 기계장비에 투자했는데, 대출 만기가 연장되지 않는다는 통보를 받으면 '보유 자산 매각'밖에 방법이 없기 때문이다.

그런데 1929~1933년은 기업이나 가계가 보유하던 자산을 매각하기에 최악의 시기였다. 통화공급이 감소하고 경기가 나빠지는 가운데 급격한 디플레가 출현했기 때문이다. 여기서 디플레란 인플레의 정반대에 해당되는 현상으로, 15세기 유럽 그리고 3세기의 중국처럼 돈의 가치가 상승하는 현상을 의미한다. 이렇게 디플레가 출현하면 자산을 들고 있는 사람들은 어려워지고 반대로 현금, 특히 금을 비롯한 귀금속을 가진 사람들은 큰 이익을 누리게 된다. 왜 이런 현상이 나타났고 이로 인해 어떤 결과가 발생했는지 다음 장에서 자세히 살펴보자.

참고 자료

배리 아이켄그린, 『황금 족쇄』, 미지북스(2016), 425쪽.

벤 버냉키, 『벤 버냉키, 연방준비제도와 금융위기를 말하다』, 미지북스(2014),
43~44쪽.

양동휴, 『1930년대 세계 대공황 연구』, 서울대학교출판부(2000), 121, 135쪽.

티모시 가이트너, 『스트레스 테스트』, 인빅투스(2015), 282쪽.

7장

디플레이션이 왜 무서운가?

　한 해에 20만 달러 정도의 농산물을 생산하는 조그마한 농장 A를 상상해보자. A농장은 20만 달러 상당에 이르는 토지와 농기계를 보유하고 있으며, 연 이자율 5%에 10만 달러의 은행 대출을 받은 상태다. 그러던 차에 갑작스럽게 디플레이션이 발생하면 어떤 일이 벌어질까?

　A농장이 생산하는 옥수수나 밀의 가격이 처음에는 5% 나중에는 10%씩 떨어지면 매출도 감소할 수밖에 없다. 그리고 이 과정에서 실질적인 이자 부담이 늘어날 수밖에 없다. 물가가 연 5% 오를 때 5% 이자의 실질적인 부담은 0%라고 할 수 있다. 그러나 물가가 10% 빠지면, 체감 이자 부담은 15% 이상 수준으로 올라간다. 경영 압박이 심해질 것이며, 은행의 대출 회수 압박이 빗발칠 것이다. 그런데 농산물 가격이 떨어지는 마당에 농장이나 트랙터 같은 농기계 가격인들 온전하겠는가? 결국 이 농가는 존 스타인벡(John Steinbeck)의 명작 『분노의 포도』의 주인공들처럼 정든 땅을 버리고 캘리포니아를 향해 절망적인 이동을 하는 운명에 처할지도 모른다. 과장된 것이 아니냐고? 1929~1933년 당시 미국 경제에

〈도표 4-8〉 1913~1950년 미국 소비자물가지수 추이

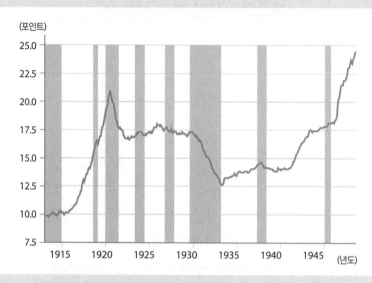

출처: 세인트루이스 연방준비은행(https://fred.stlouisfed.org/series/CPIAUCNS)
주: 음영으로 표시된 부분은 전미경제분석국(NBER)이 불황이라고 판정한 시기.

1971년 미국의 닉슨 대통령이 금태환을 정지시키기 전까지만 해도, 인플레 압력은 '전쟁' 때에만 높아졌었다. 반면 불황(음영으로 표시된 시기)이 닥치면 어김없이 디플레가 출현했으며, 특히 1929년 대공황 이후 시작된 기나긴 불황 동안 소비자물가는 거의 27% 떨어져 경제 전반에 강력한 충격을 주었다.

실제로 이런 일이 벌어졌다. 1929년 9월, 미국의 소비자물가지수는 17.3 포인트였는데, 1930년 말에는 16.1을 기록했고, 1933년 5월에는 12.6포인트까지 미끄러졌다. 단 3년 만에 물가가 27% 이상 떨어진 것이다.

4부 5장에서 다뤘던 것처럼, 은행들의 연쇄 파산이 디플레를 유발했다. 1933년 한 해에만 은행이 4천 곳 이상 파산하는 상황에서, 사람들은 너도나도 은행에 몰려가 예금을 찾았고, 은행에 있던 예금이 각 가정으로 흩어지는 순간 경제 전체에 돌아다니던 통화량은 더욱 줄어들었다.

1933년 루스벨트(Roosevelt) 행정부(1933~1945년)가 출범해 금본위제를 폐지하고, '예금보험' 제도를 비롯한 대대적인 금융개혁을 시작하면서 금융위기는 진정되었다. 1933년 초까지만 해도 미국 연준은 금리를 인상했지만, 금본위제가 폐지된 4월 이후 재할인율을 인하하여 자금 시장에 돈을 공급함으로써 길고 긴 디플레가 비로소 끝을 맺었다.

그러나 이러한 조치에도 미국 경제는 쉬이 회복되지 않았다. 1929~1933년 사이에 겪은 충격이 너무 컸기 때문이다. 앞에서 언급한 소설 『분노

금본위제를 폐지하고 예금보험 제도를 비롯해 대대적인 금융개혁을 한 루스벨트

의 포도』에서 서부로 이주한 조드 집안이 다시 일어설 가능성은 희박했을 것이다. 이미 파산해버린 농가와 기업이 뒤늦은 금리인하나 예금보험으로 살아날 수는 없으니 말이다.

더 큰 문제는 루스벨트 행정부의 경제 정책이었다. 1933년 집권 이후에도 여전히 '건전 재정'에 대한 집착을 버리지 못했다. 1932년부터 미국의 재정적자가 확대되었는데, 이는 재정 지출이 늘어났기 때문이 아니라 재정 수입이 급격히 감소한 탓이었다. 다시 말해, 대공황으로 기업과 가계가 연쇄 도산하면서 세금이 제대로 걷히지 않아 재정적자가 발생했던 것이다. 그런데도 1937년 루스벨트 행정부는 '재정 균형'을 달성하기 위해 재정 지출을 더 줄이면서, 강력한 경기침체를 불러오고 말았다. 1937년의 재정긴축은 루스벨트 행정부의 한계를 보여주는 사건인 동시에, 1929년 이후 시작된 대공황으로 민간 부문의 수요가 얼마나 말라버렸는지를 실감나게 보여준 것이라고 할 수 있다. 결국 미국의 1인당 가처분 소득(소득에서 세금 등을 공제하고 남은 것)이 1929년의 수준을 회복한 것은 1939년, 제2차 세계대전이 발생한 뒤였다.

이 대목에서 한 가지 의문이 제기된다. 미국이 이토록 고통 받을 때, 어떻게 히틀러가 이끄는 독일은 승승장구할 수 있었을까? 그 의문을 밝혀보자.

참고 자료

배리 아이켄그린,『황금 족쇄』, 미지북스(2016), 537쪽.

벤 버냉키,『벤 버냉키, 연방준비제도와 금융위기를 말하다』, 미지북스(2014),
     49~50쪽.

양동휴,『1930년대 세계 대공황 연구』, 서울대학교출판부(2000), 121, 135쪽.

8장

독일은 어떻게 승승장구할 수 있었을까?

　1939년 독일이 폴란드를 침공하면서 시작된 제2차 세계대전은 민간인과 군인을 합쳐 약 4,700만 명의 사망자를 낳은 인류 역사상 최악의 전쟁이다. 당시 독일은 프랑스 점령, 그리고 이어진 독소전(獨蘇戰) 과정에서 전통적인 육군 강국인 프랑스와 소련을 압도하며, 적어도 보급이 이어지는 한 불패의 모습을 보였다. 1923년의 하이퍼 인플레, 그리고 그 이후에 발생한 대공황으로 독일 경제가 완전히 망가졌는데 어떻게 이렇게 강력한 군대를 육성할 수 있었을까?

　그 답은 금본위제 포기에 있다. 1931년 8월 독일은 다른 나라에 비해 빨리 금본위제를 이탈했는데, 이 덕분에 1933년에만 재할인율이 7%에서 4%로 인하되어 독일 내 신용 여건이 빠르게 개선되었다. 1929년 6월 제1차 세계대전의 참전국들이 패전국인 독일이 능력 내에서 배상금을 지불하도록 합의해 준 것(Young Plan) 또한 경기 회복에 도움이 되었다.

　1933년 히틀러(Adolf Hitler)가 집권한 후 적극적인 재정정책을 펼친 것도 긍정적 영향을 미쳤다고 해석하는 이도 있지만, 〈도표 4-9〉에서 보듯

아돌프 히틀러

히틀러 집권 이후 국민총생산(GNP) 대비 공공지출은 별로 늘어나지 않았음을 알 수 있다. 결국 히틀러가 경제를 살렸다고 칭송.받는 건 그 이전에 이뤄졌던 금리인하와 재정지출 확대의 효과가 히틀러 집권 당시에 나타난 덕분이라고 볼 수 있다. 참고로 독일의 실업률은 1932년 43.8%까지 치솟았지만, 적극적인 재정확대 정책이 시행된 1933년 36.2%로 떨어졌고, 1934년에는 20.5% 급락했다. 만일 히틀러의 정책 덕분에 경제가 회복되었다면 실업률 하락은 1934년 이후에 본격화되었어야 한다.

이처럼 독일의 실업률 하락 속도가 다른 선진국에 비해 더 빨랐던 것도 히틀러에 대한 평가를 높인 요인이었다고 볼 수 있다. 미국은 1933년 4월에야 금본위제를 폐지하고 금리를 인하했기에 1934년부터 실업률이 떨어졌다. 반면 영국은 1931년에 이미 금본위제를 폐지하고 적극적인 통화공급 확대정책을 펼친 덕분에 실업률이 1932년을 고비로 떨어질 수 있었다.

1941년 당시 히틀러의 국회 연설 장면

이런 측면에서 보면, 히틀러의 성공은 '운'에 상당 부분 빚졌다고 볼 수 있다. 또 히틀러가 그만큼 자신을 포장하는 기술이 능했다고도 평가할 수 있을 것 같다. 물론 1936년 열린 베를린 올림픽, 속도 무제한의 고속도로 건설 등 적극적인 인프라 투자가 1938년 독일 실업률을 3.2%까지 끌어내리는 데 기여했음을 부인할 수는 없다.

하지만 나치 독일이 1936년부터 본격적으로 군대를 재무장하고, 불과 3년 후인 1939년에 제2차 세계대전을 일으킬 정도로 경제력이 높아진 것은 1932년부터 시작된 적절한 경기 부양정책 때문임이 분명하다. 이는 경제 위기를 경험한 많은 나라에게 중요한 교훈을 주는 사건이라 할 수 있다. 즉, 경제가 심각한 위기에 처하더라도 공격적인 금리인하 및 적극적인 재정확대가 시행되면 악순환을 탈출하는 것은 물론 강력한 경제성장을 달성할 수 있다는 하나의 실증 사례가 된 셈이다.

이어지는 5부에서는 1971년 닉슨 쇼크(Nixon Shock) 이후 시작된 새로운 세계 경제, 금융 시장의 환경에 대해 이야기하려 한다.

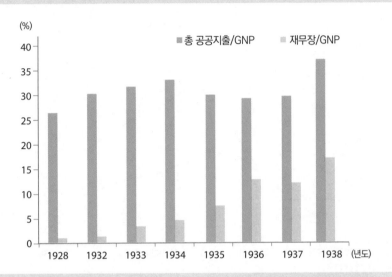

출처: 양동휴 등(2000), 295쪽.

국민총생산(GNP) 대비 정부의 공공지출과 군비 확장에 투입된 자본의 양
을 보여주는데 1933년 히틀러 집권 이전에 이미 대대적인 지출 증가가
나타났음을 알 수 있다. 물론 GNP 대비 군비 지출이 1934년부터 가파
르게 늘어 독일 경기 부양의 일등공신이었던 것은 분명하나, 히틀러 집
권부터 시작된 독일 경제의 회복은 그 이전에 이뤄졌던 '금본위제 이탈'
및 '재정지출 확대'에서 원인을 찾을 수 있다.

〈도표 4-10〉 1927~1938년 세계 주요국 실업률 추이

출처: 양동휴 등(2000), 238쪽.

미국과 영국, 독일의 1927년 이후 실업률 추이인데, 영국, 독일, 미국 순으로 실업률이 떨어진 것을 발견할 수 있다. 이는 금본위제를 이탈했던 시기의 차이 때문이다. 영국이 1931년 제일 먼저 금본위제를 폐지했고, 독일과 미국이 뒤를 이어 이탈했다. 세 나라 모두 금본위제를 폐지한 다음, 즉각 금리를 인하하고 통화공급을 확대함으로써 실업률은 가파른 하락세를 보인다.

참고 자료

차명수, 『금융 공황과 외환 위기, 1870-2000』, 아카넷(2004), 123~125쪽.

배리 아이켄그린, 『황금 족쇄』, 미지북스(2016), 458~459쪽.

양동휴, 『1930년대 세계 대공황 연구』, 서울대학교출판부(2000), 294~295, 297쪽.

4부로부터 얻은 교훈
불황이 시작될 때에는 단호하게 행동하라!

대공황을 다룬 4부의 이야기에서 얻을 수 있는 교훈은 명확하다. 불황이 닥쳤을 때에는 단호하게 행동해야 한다는 것이다. 다소 부작용을 낳을 수 있을지라도, 불황이 경제 전체에 끝없는 악순환을 유발하기 전에 과단성 있게 대응해야 한다. 1929년 대공황의 교훈을 가장 잘 살린 곳이 바로 미국 연준이다. 2008년 리먼브러더스가 파산하면서 대공황 이후 거의 80년 만에 '뱅크런'이 발생하자, 미 연준은 즉각적인 대응에 나섰다. 〈도표 4-11〉에서 보듯, 연준의 보유자산 규모가 2008년 말에 급격히 늘어난 것을 발견할 수 있다. 금리를 제로 수준까지 내리는 것은 물론, 시장에서 채권을 직접 매입하여 금리를 낮추고 통화를 공급하는 이른바 '양적완화' 정책을 시행에 옮겼기 때문이다.

물론 이 정책 하나만으로 2008년 글로벌 금융위기에서 탈출할 수 있었던 것은 아니다. 2009년 3월에 열린 G20 정상회담 이후 세계 주요국 정부가 동시에 재정지출을 늘리는 데 합의한 것도 큰 영향을 미쳤다. 그러나 유럽 중앙은행은 자산 매입에 그다지 적극적이지 않았고, 2012년

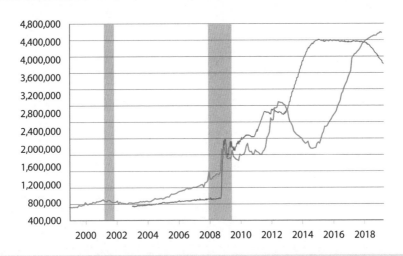

출처: 세인트루이스 연방준비은행(https://fred.stlouisfed.org/graph/?g=mMDa).
주: 음영으로 표시된 부분은 전미경제분석국(NBER)이 불황으로 판별한 시기.

2008년 글로벌 금융위기를 전후한 미국과 유럽 중앙은행의 자산 흐름
을 보여주는데, 단위는 백만 달러와 백만 유로다. 글로벌 금융위기 때는
미국과 유럽 중앙은행 모두 대대적인 자산증가가 나타났으나, 2012년
을 전후해 두 중앙은행의 정책 기조가 달라지면서 이는 성장률 격차로
귀결되었다. 참고로 2012년부터 2018년까지 미국의 연평균 경제성장
률은 2.3%인 반면, 유럽은 같은 기간 1.2% 성장에 그쳤다.

부터 2014년 사이에 보유 자산을 대거 축소하는 '통화긴축'을 시행함으로써 그리스의 유로존 이탈 시도(그렉시트) 등 수많은 문제를 일으키고 말았다.

참고 자료

차명수, 『금융 공황과 외환 위기, 1870–2000』, 아카넷(2004), 123~125쪽.

배리 아이켄그린, 『황금 족쇄』, 미지북스(2016), 458~459쪽.

양동휴, 『1930년대 세계 대공황 연구』, 서울대학교출판부(2000), 294~295,
    297쪽.

5부

금본위제가
무너진 이후의 세상

The History of Money

1장

미국이 세계의 경찰을 자처한 이유는?

제2차 세계대전에서 연합군의 승리가 임박하던 1944년 7월 1일, 미국의 브레튼 우즈(Bretton Woods)에서 열린 국제 통화금융회의에 참석한 44개국 대표들은 전쟁 이후 글로벌 금융시스템을 어떻게 운용할 것인지를 놓고 치열한 논쟁을 벌었다. 결국 미국의 주장대로, 주요국 정부는 변동환율제도가 아닌, 고정환율제도로 회귀하기로 결정했다.

여기서 잠깐 변동환율제도에 대해 설명하자면, 환율을 외환시장에서의 수급에 의해 결정하는 시스템을 의미한다. 반면 고정환율제도는 '금본위제'처럼, 특정 귀금속이나 통화에 대해 교환비율을 통일시킨 제도이다. 물론 브레튼 우즈에서 맺어진 합의는 완전한 '금본위제'는 아니었다. 달러는 금 1온스에 대해 35달러로의 교환을 보장하는 대신, 다른 나라는 미 달러에 대해 자국 통화의 교환비율을 고정하는 것으로 합의한 것이다. 또한 1930년대 금본위제도 해체의 교훈을 되살려 국제통화기금(IMF)을 만들었다. IMF는 회원국이 일시적인 국제수지 불균형에 빠져 고정환율제도를 유지할 수 없을 때 지원해주는 것을 원칙으로 했다.

그런데 브레튼 우즈 협정에서 미국이 약속한 건 고정환율제도 복귀뿐만이 아니었다. 미국의 패권을 인정하고 협조하는 국가에게 미국 시장을 개방하는 한편, 세계 교역 통행로에 대한 안전을 보장하겠다고 약속한 것이다. 미국이 취한 조치는 대단히 놀라운 것이었다. 세계 경제의 패권을 장악한 나라는 대개 다른 나라의 영토를 빼앗거나 식민지를 늘려 자신이 '독점할 수 있는 시장'을 확보하는 데 주력했기 때문이다. 사실 그런 실익이 있지 않고서야 '교역로의 안전 보장'에 드는 비용을 건질 수도 없었다. 그 대표적인 예가 영국이다.

1815년 나폴레옹 군대를 쳐부순 후 영국은 패권 국가의 자리에 올라선 대신, 패권 국가로서 교역로의 안전을 위해 막대한 자금을 투입해야 했다. 당시 영국은 인도나 북아메리카로 가는 항로를 보호하기 위해 거대한 호송 선단을 구성했다. 일반적으로 200척, 때로는 500척의 상선들이 포츠머스 같은 영국 남부의 항구에 모여서 출항했고, 위험 해역에서 영국 전열함의 호위를 받았다. 그런데 영국은 나폴레옹 전쟁 이후 비엔나 회의를 주도해 세계 식민지 건설을 추진할 기반을 마련하였고, 이를 통해 교역로 안전 보장에 드는 비용을 건질 수 있었다.

반면 제2차 세계대전 이후 미국은 전혀 다른 태도를 취했다. 자신의 시장을 다른 나라에게 개방하는 한편, 세계 교역로의 보장을 위해 막대한 비용을 떠안았다. 미국은 왜 이런 선택을 했을까? 그 이유는 두 가지이다.

한 가지 이유는 스탈린그라드(오늘날의 볼고그라드)에서 독일군을, 만주에서 일본 관동군을 섬멸한 세계 최강의 소련 기갑부대의 위협이었다. 유럽과 동아시아, 아프가니스탄을 향한 소련의 위협에 미국이 직접 맞서기는 대단히 힘들고, 수지타산도 맞지 않았다. 고민 끝에 미국은 독일과

마셜 플랜에 의한 원조 물자에 사용된 식별 표지.
'유럽 부흥을 위한 미국의 공급'이라는 표어가 쓰여 있다.

일본 같은 2차 대전 당시의 적을 우방국으로 키우기로 결심한다. 즉 미
국 시장을 내주는 것은 물론, 마셜 플랜(Marshall plan)* 등을 통해 경제 회복
에 필요한 자금을 지급함으로써, 소련의 위협에 대신 맞서줄 방파제를
건설하려 한 것이다.

또 다른 이유는 자국의 이득이다. 세계 교역망의 안전을 보장하는 일
은 미국의 국가 이익에도 부합했던 것이다. 바야흐로 시작된 석유 시대
에 적응해 중동으로부터 미국, 그리고 유럽으로 이어지는 수송로를 보
장하는 것은 미국 경제 발전에 도움이 되었다. 특히 아이젠하워(Dwight
Eisenhower) 대통령 시절부터 시작된 주간 고속도로망(Inter-state Highway)의 건
설로 석유 소비가 폭발적으로 늘어나며 석유 순수입국으로 전환했다는
점을 감안할 때, 석유 수송로의 안전은 경제 성장의 생명선이라 할 수 있
었다.

이와 같은 미국의 정책은 미국에 수출할 능력을 가진 국가들에게는

* 1947년 미 국무장관 마셜(Marshall, G.)이 제안한 서구 제국에 대한 미국의 원조 계획. 서구 제국의 경제성
장을 촉진하고 나아가 공산주의의 확대를 저지하려는 목적에서 세워졌다.

'복음'과 같은 뉴스였다. 예전처럼 군사력을 쌓아 자신의 상품을 팔 수 있는 식민지를 관리할 필요도 없고, 수송로를 보호하기 위해 막대한 비용을 지불할 필요도 없어졌기 때문이다. 게다가 구매력도 없는 제3세계의 식민지에 상품을 팔기보다 세계에서 가장 부유한 미국 사람들에게 물건을 파는 게 훨씬 이득이었다. 또한 미국의 수송로 보호 덕분에 원자재 가격이 1960년대 말까지 안정된 것도 큰 힘이 되었다.

이 덕분에 세계 경제는 극적인 성장의 시대를 경험하게 되었다. 〈도표 5-1〉은 1945년 이후 세계 주요국의 1인당 GDP(국내총생산)을 보여주는데, 1960년대가 되면 미국과 패전국(독일, 일본)의 소득 수준이 거의 비슷해진 것을 발견할 수 있다.

그런데 이와 같은 환상적인 시스템에 한 가지 문제점이 있었으니 그것은 다름 아닌 미국의 만성적인 경상수지 적자 문제였다. 이는 두 가지 요인 때문에 발생했는데, 무엇보다 미국 달러의 가치가 다른 나라 통화에 비해 고평가된 탓이 컸다. 즉, 달러의 가치를 다른 나라에 비해 높게 쳐서 미국 사람들에게 수입 상품이 매력적으로 여겨지게 한 것이다. 물론 미국은 다른 나라의 상품을 값싸게 구입하는 이점을 누렸다. 가장 쉬운 예로, 2차 대전 이전에는 1파운드가 5달러 전후에서 교환되었지만, 2차 대전 직후 가치는 3.6달러로 조정되었고, 1950년에는 2.8달러까지 떨어졌다.

또 다른 요인은 독일과 일본 등 패전국 경제의 가파른 성장이었다. 1인당 국민소득의 가파른 상승에서 보듯, 패전국은 빠른 속도로 미국의 경쟁력을 따라잡았다. 특히 독일은 자동차와 기계산업, 일본은 전자제품과 조선 등에 특화돼 미국의 거대 소비시장을 파고들었다. 물론 미국산 제품이 압도적으로 우수했으나 값이 너무 비쌌고, 또 패전국들은 자국

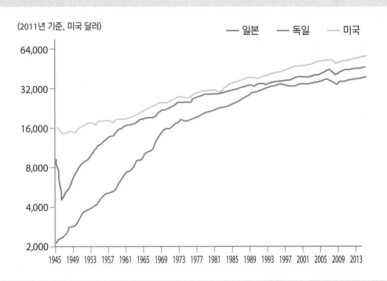

〈도표 5-1〉 1945년 이후 미국, 독일, 일본의 1인당 국민소득 추이

(2011년 기준, 미국 달러)

— 일본　— 독일　— 미국

출처: Maddison Project.

1945년 제2차 세계대전 종전 이후 역설적으로 가장 강력한 경제 성장을 이룬 나라는 일본과 독일이다. 전쟁에 지면서 국토가 폐허가 되었지만, 미국의 대대적인 지원과 전쟁 경기(특히 한국전쟁)에 힘입어 빠르게 성장할 수 있었다. 물론 두 나라 모두 미국 1인당 국민소득의 80%선에 도달한 다음부터는 격차를 좁히지 못하고 있지만, 여전히 세계적인 선진국으로서의 지위를 누리고 있다.

산업을 보호하기 위해 관세장벽을 쌓아두었기 때문에 미국의 대외 수출은 그다지 증가하지 못했다.

이 결과, 달러가 미국에서 끊임없이 해외로 유출되었다. 게다가 당시는 고정환율제도였기에, 환율의 조정은 이뤄지지 않았으며 미국의 경상수지는 점점 더 악화되었다. 그리고 이에 불만을 느끼는 나라들이 늘기 시작했고, 대공황 때에도 그랬듯 프랑스가 가장 먼저 문제를 제기했다.

다음 장에서는 달러의 위기에 대해 살펴보자.

참고 자료

차명수, 『금융 공황과 외환 위기, 1870-2000』, 아카넷(2004), 139~141쪽.
배리 아이켄그린, 『황금 족쇄』, 미지북스(2016), 458~459쪽.
박지향, 『제국의 품격』, 21세기북스(2018), 148쪽.
피터 자이한, 『21세기 미국의 패권과 지정학』, 김앤김북스(2018), 192~193, 196쪽.
Bolt, J. and J. L. van Zanden, "The Maddison Project: collaborative research on historical national accounts", The Economic History Review, 67(3), 2014: 627~651쪽.

2장

닉슨은 왜 금본위제를 폐지했을까?

1945년부터 1960년대까지 세계 경제는 역사상 다시 보기 힘든 호황을 누렸다. 장기호황을 유발한 가장 결정적인 요인은 선진국 소비자들이 미국이 경험한 '소비의 시대'를 모방한 데 있었다. 텔레비전과 세탁기, 냉장고로 대표되는 이른바 백색가전이 선진국 가정에 보급된 것이다. 그러나 영광의 시대는 그렇게 길지 않았다. 무엇보다 미국의 압도적인 경쟁력이 서서히 약화되고, 나아가 독일과 일본 등 주요 선진국들이 달러를 비축하면서부터 미국의 경상수지 적자 문제가 수면 위로 떠오르기 시작했다.

이 대목에서 거론할 사람이 바로 로버트 트리핀(Robert Triffin)인데, 그는 1966년 자신의 책 『미로 속의 세계 통화』에서 달러가 금의 위치를 대신한 국제체제의 문제를 날카롭게 제기했다. 요점은 다음과 같다. 세계 경제가 성장하기 위해서는 충분한 통화의 공급이 필요하다. 물론 이를 위해 미국이 달러를 계속 찍어내면 된다. 하지만 문제는 미국이 자기 금고에 충분한 금이 없는데도 돈을 찍어내는 데 있다는 것이다. 경상수지가

적자로 돌아서면서 '원칙으로는' 미국이 보유한 금이 줄어들어야 하는데, 미국의 통화 공급은 전혀 줄어들지 않았고 베트남 전쟁(1960~1975년)이 시작되면서 오히려 늘어났다.

이때 문제를 제기한 것이 프랑스였다. 제2차 세계대전 당시의 영웅, 샤를르 드 골(Charles De Gaulle) 대통령은 달러의 압도적 우위, 다시 말해 프랑스를 비롯한 유럽 국가들이 미국 달러에 종속되어 있는 것에 강한 반감을 가졌고, 지속적으로 보유하던 달러를 금으로 교환할 것을 요구했다. 드 골 대통령이 1968년 5월 혁명으로 권좌에서 물러나며 프랑스의 금 교환 요구는 일단락되는 듯했지만, 이번에는 민간의 금 투기가 문제가 되었다. 그로 인해 금 1온스의 가격이 1971년 초 44달러까지 상승하자, 프랑스뿐만 아니라 벨기에 정부마저 미국에 달러를 금으로 바꿔달라고 요구하기에 이르렀다. 당시 금과 달러의 공식 교환비율이 35달러였으니까 미국에서 달러를 금으로 바꿔 국제시장에 내다 팔기만 하면 1온스당 9달러의 이익이 생기는 셈이었다.

당시 미국이 할 수 있는 선택은 두 가지였다. 첫째, 금과 달러의 교환비율을 재조정하는 것이었고, 둘째, '금본위제'를 포기하는 것이었다. 그러나 첫 번째 안은 '투기 세력'의 압력에 굴복하는 형식이 되어 추가적인 금 투기를 가져올 가능성이 높다는 반론이 제기되면서 포기할 수밖에 없었다. 결국 1971년 8월 15일, 닉슨(Richard Nixon) 대통령이 금과 달러의 교환을 정지함으로써 새로운 금융질서가 수립되었다. 이를 경제사학계에서는 '닉슨 쇼크(Nixon shock)'라 부르며, 금에 대한 교환 의무가 없는 화폐를 '불태환 화폐(fiat currency)'라 지칭한다.

화폐 발행이 '금의 굴레'에서 자유로워졌다는 것은 세계 경제의 기본을 바꿔놓은 사건이라 할 수 있다. 닉슨 쇼크 이후 나타난 가장 큰 변화

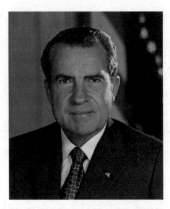

1971년 금과 달러의 교환을 정지함으로써 새로운 금융질서를 수립한 닉슨 대통령

는 인플레이션이었다. 닉슨 쇼크 이전에는 통화 공급이 금의 공급에 좌우되었다. 그러나 금의 공급과 상관없이 통화 공급이 가능해짐에 따라, 경제 전체에 강력한 인플레 기대가 부각되었다. 즉, 각국 중앙은행들이 금의 유출입에 상관없이 화폐를 발행할 수 있으니 1923년 독일처럼 인플레가 부각될 것이라고 예상한 사람들이 일제히 화폐를 버리고 '실물자산'으로 이동하기 시작한 것이다.

이때 가장 선호된 '실물자산'이 바로 금과 은이었다. 기원전 600년 리디아의 왕, 크로이소스가 최초로 금화를 만든 이후, 금은 수천 년 동안 화폐로 기능했기에 인기가 폭발할 수밖에 없었다. 〈도표 5-2〉는 1871년 이후부터 최근까지의 국제 금 가격 흐름을 보여주는데, 1971년 1온스에 35달러이던 것이 9년 뒤인 1980년에는 586달러로 치솟는 것을 발견할 수 있다. 은 가격도 1971년 1.38달러에서 15.65달러로 급등했다. 특히 텍사스의 부호 헌트 형제의 투기가 절정에 달했던 1979년에는 한때 28달러까지 상승하기도 했다.

그러나 금 가격의 상승이 끝없이 이어질 거라 믿었던 사람들은 이후

〈도표 5-2〉 1871년 이후 금 가격의 변화

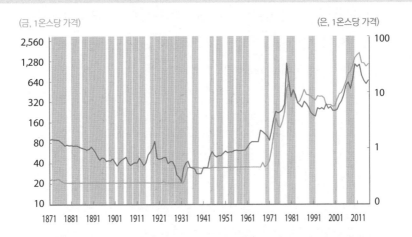

출처: 제레미 시겔(2015).
주: 음영으로 표시된 부분은 전미경제분석국(NBER)이 불황이라고 판정한 시기.

국제 금 가격의 장기적인 흐름을 보면 두 번의 역사적 분기점을 발견할
수 있다. 첫 번째는 1930년대이고, 두 번째는 1971년이다. 1930년대에
는 대공황을 맞아 대부분의 나라가 금본위제를 폐지하면서 금 가격이 급
등했고, 1971년 닉슨 쇼크 이후 다시 한 번 금본위제가 폐지되면서 이
후 역사적인 랠리를 펼쳤다. 그런데 흥미로운 것은 금본위제를 폐지한
후에는 항상 경기의 변동성(그림의 음영 부분)이 줄어든다는 것이다. 즉, 금
본위제를 폐지하며 세계경제는 인플레라는 대가를 지불한 대신 '경기안
정'이라는 이익을 취했다고 볼 수 있다.

20년 동안 기나긴 가격 하락을 겪어야 했다. 금본위제가 깨지는 순간, 웅크리고 있던 중앙은행들이 자기 할 일을 하기 시작했기 때문이다. 〈도표 5-2〉에서 음영으로 표시된 부분은 경제성장률이 2분기 연속 하락한, 다시 말해 반 년 동안 경제가 침체된 시기를 나타내는데, 1971년 이후에 불황의 빈도가 확연하게 줄어든 것을 발견할 수 있다. 이 모든 게 닉슨 쇼크의 영향이었다. 다음 장에서는 미국 연준이 금값은 물론, 인플레를 어떻게 잡았는지에 대해 살펴보자.

참고 자료

조지 쿠퍼,『민스키의 눈으로 본 금융위기의 기원』, 리더스하우스(2009), 127~130쪽.

홍춘욱, 이운덕, 이길영,『알고 하자! 돈 되는 주식투자』, 가림M&B(2002), 62~63쪽.

제러미 시겔,『주식에 장기 투자하라』, 이레미디어(2015).

최동현, 이준서, "금 가격 결정요인에 관한 연구: 대체투자자산 관점에서", 재무관
    리연구 31권 3호(2014), 79~112쪽.

Paul Krugman,『Treasuries, TIPS, and Gold』(2011).

다니엘 D. 엑케르트,『화폐 트라우마』, 위츠(2012), 69~70쪽.

3장

볼커, 인플레를 잡다!

1980년대 초반 미국의 상황을 정리하면, 인플레라는 거대한 용의 분노가 거의 10년째 지속되고 있었고, 달러는 금 가격에 비해 거의 90% 하락함으로써 미국 경제는 물론 달러에 대한 신뢰가 바닥까지 떨어졌다. 이때 미국 연준의 신임 총재가 된 폴 볼커(Paul Volcker)는 인플레를 안정시키는 것이 정책의 최우선 목표라고 판단하고, 정책금리(연방기금 목표금리)를 20%로 끌어올렸다. 금리가 역사상 최고 수준까지 올라감에 따라 기업들은 투자를 철회했고, 소비자들은 높은 금리의 매력에 끌려 은행으로 발걸음을 옮겼다. 당시 물가 상승률이 14%대인데, 은행의 예금금리가 20%이니 실질 금리로 계산해도 무려 6%의 고금리였다.

경제에 강력한 불황이 불자, 부채에 시달리던 많은 농가는 큰 타격을 받았고, 성난 농부들이 트랙터를 몰고 워싱턴에 있는 연준 건물 앞으로 몰려들어 금리 인상을 항의했다. 그러나 폴 볼커는 1981년 여름까지 고금리 정책을 고집스럽게 밀고 나갔고, 결국 인플레는 꺾였다. 〈도표 5-3〉에 나와 있듯, 소비자물가 상승률은 1980년 4월 14.6%에 이르렀지만

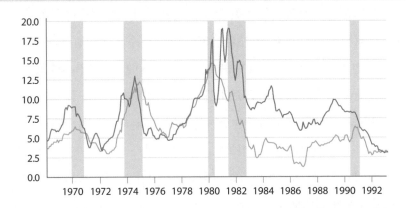

〈도표5-3〉 1980년을 전후한 미국 소비자물가 상승률(초록선)과 정책금리(황금선)

출처: 세인트루이스 연방준비은행(https://fred.stlouisfed.org/graph/?g=mQyx).
주: 음영으로 표시된 부분은 전미경제분석국(NBER)이 불황이라고 판정한 시기.

미국의 소비자물가 상승률의 흐름을 살펴보면, 두 번의 분기점을 발견할 수 있는데 첫 번째는 1971년 닉슨 쇼크다. 닉슨 쇼크 이후 달러에 대한 신뢰가 약화되고, 중동전쟁을 계기로 제1차 석유파동이 발생하며 소비자물가 상승률이 10%선의 벽을 돌파했다. 두 번째 분기점은 1980년으로, 2차 석유파동으로 인해 소비자물가 상승률이 15%를 위협하던 상황에서 단행된 공격적인 금리인상으로 인플레 기대가 꺾이면서 장기적인 물가 안정의 시기가 열렸다. 특히 1990년을 전후해 시작된 정보통신 혁명으로 생산성이 향상되고, 정보통신 기기의 제품 가격 하락이 본격화되며 미국 경제는 고성장 속에서 물가 안정을 누리게 된다.

1983년 7월에는 2.36%까지 떨어졌다.

그 이후에는 탄탄대로가 이어졌다. 인플레 압력이 약화된 것을 확인한 후, 미 연준은 정책금리를 인하하기 시작해 1983년 3월에는 금리가 3.6%까지 떨어졌다. 또한 레이건(Ronald Reagan) 행정부(1981~1989년)가 강력하게 추진한 감세 정책 영향으로, 부유층 및 기업의 세금 부담이 약화되며 금융 시장도 회복되기 시작했다. 1980년 4월 다우존스 산업평균지수는 817포인트에 불과했지만, 1983년 3월에는 1,130포인트까지 상승했다.

이 대목에서 한 가지 궁금증이 생긴다. 1983년처럼 돈을 풀면 경기가 좋아지고, 반대로 1980년처럼 돈줄을 죄면 경기가 나빠지는 이유는 무엇일까? 이 의문을 조앤과 리처드 스위니 부부가 1978년 〈통화 이론과 그레이트 캐피톨 힐 베이비시팅 협동조합의 위기〉라는 제목으로 발표한 논문을 통해 풀어보자.

스위니 가족은 1970년대에 미국 국회의사당(=캐피톨 힐)에서 일했는데, 이때 비슷한 연령대의 부부 150명이 공동 육아조합을 결성했다. 이 육아조합은 다른 품앗이 조직들과 마찬가지로 쿠폰을 발행했다. 쿠폰 한 장으로 한 시간 아이를 맡길 수 있었으며, 아이를 돌보는 부부는 아이를 맡기는 부부에게서 시간만큼 쿠폰을 받은 것이다. 그런데 문제가 생겼다. 이런 시스템이 성공적으로 운영되기 위해서는 상당량의 쿠폰이 유통되어야 하는데, 다들 쿠폰을 모으려고만 할 뿐, 쓰지 않았던 것이다. 결국 육아조합의 활동은 쇠퇴해졌고, 육아조합에서 탈퇴하려는 사람들이 늘어나기 시작했다.

육아조합이 쇠퇴하고 활동 정지 상태에 들어간 이유는 간단하다. 부부들이 아이를 잘 돌보지 못했기 때문이 아니라, '유효 수요'가 부족했을 따름이다. 쿠폰을 모으는 데만 신경 쓰고 쓰지를 않았기에 전체 활동이 둔화된 것이다.

그렇다면 해결책은 무엇이었을까? 육아조합 관리위원회는 매우 단순한 답을 내놓았다. 쿠폰을 늘리는 것이었다. 어떻게 쿠폰을 늘리냐고? 간단하다. 몇 달이 지나도록 쿠폰을 쓰지 않으면 쿠폰으로 아이를 맡기는 시간을 줄였다. 예를 들어 쿠폰 수령 후 2달이 지나면 30분밖에 아기를 맡기지 못하는 식으로 조정했다. 즉 인플레를 일으켜 쿠폰의 저축을 막고, 소비를 장려한 것이다.

이 정책은 즉각적인 효과를 발휘했다. 쿠폰을 보유하는 게 오히려 가치를 떨어뜨린다는 것을 안 부부들이 서로 쿠폰을 사용하려 했고, 육아조합의 불경기는 일거에 해소되었다. 이 비유에서 '쿠폰'은 중앙은행이 발행하는 '화폐'에 해당된다. 중앙은행이 금리를 인하해 시중에 통화공급을 늘리면 인플레 기대가 높아지며 소비와 투자가 촉진되고, 반대로 중앙은행이 금리를 인상해 소비(또는 투자)보다 저축을 유도하면 인플레 기대가 약화되고 불경기가 출현한다.

그러나 한 가지 의문이 여전히 풀리지 않는다. 왜 1930년대 미 연준은 폴 볼커와 같이 과단성 있는 정책을 취하지 않았을까? 여러 차례 언급했듯, 금본위제 때문이었다. 불황이 출현해 중앙은행이 돈을 풀고 금리를 내리면, 더 높은 금리를 찾아 자금이 해외로 유출된다. 금이 해외로 유출되면 시중에 통화량이 줄고, 그 결과 중앙은행의 금리인하는 무력화된다. 이 문제를 해결하기 위해서는 여러 나라가 한번에 같이 금리를 내리는 등 국제적인 공조가 필요했지만, 당시 세계 주요 중앙은행의 리더들이 동시다발적으로 사망하는 '불운'이 닥치면서 이를 제대로 추진하지 못했다(뉴욕 연은의 자금 공급을 연준이 저지했던 것을 기억하라!).

1971년 '닉슨 쇼크' 이후 중앙은행의 행동을 가로막던 족쇄(금본위제)가

사라졌다. 환율이 1년에 10% 이상 급등락하는 상황에서, 미국이 금리를 인하한다고 해서 자금이 대거 유출되는 일 따위는 벌어지지 않았다. 오히려 금리인하로 경기가 살아나고 주식가격이 상승한다는 기대가 형성되면서, 해외에서 대규모의 자금이 들어오는 일이 비일비재하게 벌어졌다. 대표적인 사례로 1982~83년, 연준이 10% 가까이 금리를 인하했음에도 각각 13억 달러와 18억 달러에 달하는 외국인 주식 순매수가 발생한 일을 들 수 있다.

　물론 미국의 금리인하가 항상 의도했던 결과를 가져온 것은 아니다. 다만 금본위제와 달리 다양한 요인이 자금 이동에 영향을 줄 수 있다는 이야기다. 이제 잠깐 시야를 돌려, 1980년을 전후해 국제유가 상승 탄력이 둔화된 원인에 대해 살펴보자.

참고 자료

제러미 시겔, 『주식에 장기 투자하라』, 이레미디어(2015).

홍춘욱, 『돈 좀 굴려봅시다』, 스마트북스(2012), 162쪽.

Tim Duy, 『Inflation Hysteria Redux』(2014).

다니엘 D. 엑케르트, 『화폐 트라우마』, 위츠(2012), 77~78쪽.

폴 크루그먼(2015), 『불황의 경제학』(EPUB), 세종서적(2015), 26~31쪽.

닐 어윈, 『연금술사들』, 비즈니스맵(2014), 106~107쪽.

4장

1986년의 유가 급락, 어떻게 발생했나?

1971년 닉슨 대통령이 금본위제를 폐지한 이후 국제 금 가격이 급등했다고 이야기했는데, 금 가격만큼은 아니어도 원유 가격도 급등했다. 닉슨 쇼크 직후인 1971년 9월, 석유수출국기구(OPEC)는 다음과 같은 성명서를 발표하며 원유 가격 인상을 공식화했다.

> "OPEC은 다음과 같이 결의한다. OPEC 회원국들은 1971년 8월 15일에 있었던 국제통화체제의 변화로 인해 실질소득에 부정적 영향이 초래될 경우, 배럴당 손실분을 상쇄시키는 데 필요한 조치(=가격 인상)를 취할 것이다."

OPEC이 원유 가격 인상에 나섰던 건 석유 수출 대금을 달러로 수령하기 때문이었다. 즉 금에 대해 달러 가치가 90% 하락하는 상황을 방치하면, 사우디아라비아를 비롯한 석유 수출국은 파산하는 수밖에 없다. 그러나 성명서 발표 이후 OPEC이 즉각 유가를 인상한 것은 아니었다.

미국의 패권은 여전히 강력했고, 중동의 산유국들은 독립한 지 얼마 되지 않았기에 선진국의 눈치를 보지 않을 수 없었다.

　그러던 차에 벌어진 욤키푸르 전쟁(1973년)은 OPEC에게 '대의명분'을 제공했다. 이 전쟁은 1967년 6일 전쟁(제3차 중동전쟁) 이후 이스라엘이 점령한 이집트 시나이 반도와 시리아 골란 고원을 탈환하기 위해, 이집트·시리아 연합군이 이스라엘에 공격을 개시하면서 시작되었다. 당시 미국과 소련은 전쟁 기간 동안 자신들의 동맹국에 대량으로 물자를 보급했고, 이로 인해 이 전쟁은 두 강대국의 간접 대결처럼 비춰졌다. 전쟁 초기에는 소련이 지원하던 이집트·시리아 연합군이 우세했지만, 미국이 지원하던 이스라엘이 반격을 개시하면서 전세가 역전되었다. 특히 시리아군이 골란 고원을 잃고 본토까지 침공당하는 것을 막기 위해 이집트군이 공세를 강화하다 반격을 허용하면서 수에즈 운하까지 밀리고 말았다. 그러나 이스라엘이 더 이상의 확전을 기피하고 이집트·시리아 연합군도 전세를

욤키푸르 전쟁 중 1973년 10월 7일 이집트 군인들이 수에즈 운하에 놓인 다리를 건너고 있다.

뒤집기 어려워졌음을 인정하면서 10월 25일 휴전에 이르렀다.

전쟁은 단기에 끝났지만, 후폭풍은 만만치 않았다. 미국이 이스라엘을 지지해 이집트·시리아 연합군의 승기를 빼앗았다고 판단한 중동국가들은 미국을 비롯한 주요 서방국가에 대해 원유 금수(禁輸)를 발표했고, 이로 인해 국제유가가 급등하기 시작했다. 1973년 6월 국제유가는 배럴당 3.6달러에 불과했으나, 8월 4.3달러를 거쳐 1974년 1월에는 급기야 10.1달러로 인상되며 제1차 석유파동(oil shock)이 시작된 것이다.

특히 1979년 2월, 친미(親美) 성향의 팔레비 왕조가 무너지고 새롭게 들어선 이란의 이슬람 원리주의 정부가 반미(反美) 노선을 강화하면서 국제유가는 폭등했고, 나아가 이라크의 후세인 정부가 1980년 9월 이란을 침공하면서, 제2차 석유파동이 일어났다. 1979년 1월까지만 해도 석유 가격은 배럴당 14.8달러 내외였지만, 1980년 4월 39.5달러까지 급등했다.

그런데 제2차 석유파동의 충격은 오래가지 않았다. 1983년 2월 석유 가격은 배럴당 29.0달러로 떨어졌고, 급기야 1986년 3월에는 12.6달러

1973년 일어난 제1차 석유파동 여파로 1974년 미국에서 발행된 'Gasoline ration stamps'. 실제 사용되지는 않았다.

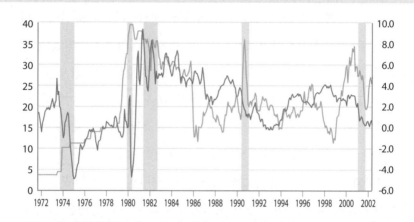

출처: 세인트루이스 연방준비은행(https://fred.stlouisfed.org/graph/?g=mQzO).
주: 음영으로 표시된 부분은 전미경제분석국(NBER)이 불황이라고 판정한 시기.

국제유가는 장기적인 흐름에서 미국의 실질 정책금리와 반대로 움직이는 것을 쉽게 알 수 있다. 가장 대표적인 경우가 1980년으로, 실질금리가 마이너스에 있다가 플러스로 바뀌는 순간, 유가도 역사적인 고점을 기록한다. 이런 현상이 나타나는 건 달러 실질금리가 인상되어 달러 보유에 따른 실질적인 이익이 늘어날 때, 달러 자산에 대한 선호가 강화되기 때문일 것이다. 나아가 실질금리 인상으로 인해 빚어진 수요 둔화로, 경기에 민감한 원유 수요가 약화될 여지가 생긴 것도 이런 현상을 심화시킨 요인으로 볼 수 있다.

까지 폭락하고 말았다. 세계 2위와 4위의 매장량을 자랑하는 이란과 이라크의 석유 생산이 1988년까지 사실상 중단되었음에도 불구하고 왜 유가는 폭락했을까?

가장 직접적인 이유는 미국의 금리, 특히 실질금리가 인상된 것이다. 〈도표 5-4〉에 나타난 것처럼, 미국의 실질 정책금리가 1980년대 초반 8%포인트까지 상승하면서, 달러 자산을 보유할 실익이 확대되었다. 실질 정책금리란, 정책금리에서 소비자물가 상승률을 뺀 것인데 인플레를 감안하고도 수령할 수 있는 실질적인 은행 예금 이자율을 의미한다. 따라서 달러로 수출 대금을 받는 산유국 입장에서는 달러 가치가 상승하면 원유 가격의 인상을 위해 노력할 동기가 사라진다.

나아가 달러 가치 상승에 대한 기대가 높아질 때, 상품을 비롯한 이른바 비(非)달러 자산에 대한 투자 매력이 약화되는 것은 당연한 일이다. 1971년 닉슨 쇼크에서 확인되듯, 금을 비롯한 전 세계 상품 가격이 폭등했던 가장 큰 이유는 기축통화로서 달러의 위치가 흔들린 데 있었다. 그러나 반대로 달러의 위상이 다시 예전처럼 굳건해지면, 원유나 금처럼 변동성이 큰 이른바 '위험자산'에 굳이 투자할 이유가 없어진다.

그렇지만 이 대목에서 한 가지 의문이 제기된다. 1980년을 고비로 국제유가의 급등세가 진정된 것은 이해가 되지만, 실질금리가 하락하던 1983년부터 유가가 하락 흐름을 타게 된 이유는 무엇일까? 이를 이해하려면 상품시장의 특성을 파악할 필요가 있다.

참고 자료

Bill Conerly, "Commodity Prices: Basics For Businesses That Buy, Sell Or Use Basic Materials"(2014).

IMF, "Global Implications of Lower Oil Prices"(2015).

홍춘욱, 이운덕, 이길영, 『알고 하자! 돈 되는 주식투자』, 가림M&B(2002), 163쪽.

5장

왜 상품시장은 20년 주기로 움직일까?

1983년 이후 유가가 기나긴 하락의 흐름을 이어간 건 '수급 불균형' 때문이었다. 1973년 이후 국제유가가 계속 상승하고, 고유가 시대가 이어질 것이라는 전망이 확연해지자 기업과 소비자 모두 대대적인 방향 전환에 나섰다.

먼저 선진국 소비자들은 연비 좋은 소형자동차에 대한 소비를 늘렸다. 1986년 현대자동차가 미국에 수출했던 '포니 엑셀'이 한 해에 16만 대 이상 팔렸던 것도 소형차에 대한 관심이 반영된 결과라 할 수 있다. 또한 포드 행정부가 가솔린에 대해 약 14%의 세금을 부과하고, 수입 가솔린에 대해서는 1갤런당 10센트의 벌금을 물리는 등 세금 인상에 나선 것도 석유 소비를 위축시킨 결정적 요인으로 작용했다.

〈도표 5-5〉는 미국의 원유소비와 국제유가의 관계를 보여주는데, 유가가 급등한 지 약 2~3년 뒤부터 원유 소비가 급격히 줄어드는 것을 발견할 수 있다. 즉 사람들은 일시적인 변화에 대해서는 잘 대응하지 못하지만, 자신의 삶에 지속적인 영향을 미치는 변화가 나타났을 때는 단호

포니는 1975년부터 1990년까지 현대자동차가 생산한 후륜구동 소형차로, 우리나라 최초의 고유 모
델 자동차이다. 차명인 포니는 조랑말을 뜻하는 영어 단어인 pony에서 유래하였다.

하게 대처한다.

소비자뿐만 아니라 기업들도 대대적인 변신을 꾀했다. 무엇보다 이전
에는 비용 문제로 엄두를 내지 못했던 대륙붕과 심해 유전에 대한 투자
를 늘렸다. 미국과 소련 간의 갈등이 점차 진정되면서 소련산 원유가 서
방 세계에 대거 공급된 것도 변화를 유발한 요인이었다. 1965년까지만
해도 연 2억 톤에 불과하던 소련의 석유 생산량은 1980년대 초반 6억 톤
까지 늘어났다.

이 대목에서 한 가지 의문이 제기된다. 유가는 1973년 1차 석유파동
때부터 상승하기 시작했는데, 왜 석유 생산량은 1980년대 초반이 되어
서야 증가한 것일까? 필자도 이 의문을 오랫동안 가지고 있었는데, 세계
적인 투자자 짐 로저스(Jim Rogers) 덕분에 그 의문을 풀 수 있었다. 조금 길
지만 그의 이야기를 인용해보자.

"이제 납 광산을 개발하려는 사업가를 가정해보자. 그는 지난 25년간 새로

〈도표 5-5〉 미국의 원유 소비(황금선, 좌축, 10억 달러)**와 국제유가 추이**(초록선, 우축, 배럴당 달러)

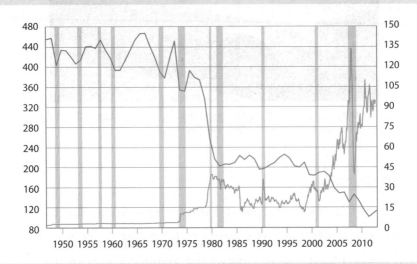

출처: 세인트루이스 연방준비은행(https://fred.stlouisfed.org/graph/?g=mTLr).
주: 음영으로 표시된 부분은 전미경제분석국(NBER)에서 불황으로 판정한 시기.

미국의 원유 소비와 국제유가의 관계를 보여주는데, 유가 상승에 발맞춰 지속적으로 원유 소비량이 줄어드는 것을 발견할 수 있다. 가장 대표적인 시기가 1970년대로, 4,400억 달러에 달하던 연간 원유 소비가 2,000억 달러 수준까지 떨어졌다. 원유 소비의 감소는 유가 상승을 계기로 원유 소비 자체가 줄어든 데다, 연비가 좋은 자동차의 비중이 높아지는 등 소비의 패턴이 바뀐 탓이 컸다.

생산을 시작한 납 광산이 세계적으로 단 한 곳에 불과하고, 중국과 인도 경제의 고성장으로 납에 대한 수요가 날로 증가하고 있음을 잘 알고 있다. 납이 가장 많이 사용되는 부분은 페인트나 휘발유로, 최근 환경오염 문제로 납의 사용이 줄어든 대신, 납 축전지에 대한 수요가 인도와 중국에서 크게 증가하고 있다.

납 매장량이 많은 곳을 발굴해 광산을 개발하면 되지만, 납 광산 개발에는 많은 문제가 따른다. 먼저 월가를 비롯한 전 세계 투자은행들은 납 가격이 십수 년간 하락했던 것을 보아왔기 때문에 납 광산 개발 프로젝트의 수익성에 대해 회의적일 것이다. 또한 환경단체와 정부는 납 광산 개발에 많은 규제를 가할지도 모른다. (중략) 이런 과정을 거치려면 아마 짧게는 수 년 혹은 십수 년의 세월(평균 18년)이 걸릴 것이고, 예산보다 더 많은 자금이 투입될 것이다.

다행히 이런 노력의 결과가 보상받아 납 가격이 상승하기 시작하면, 개발자는 큰 돈을 벌게 된다. 그러나 일확천금을 좇아 많은 사업가가 납 광산을 개발하기 시작하면? 더 나아가 경제위기가 발생해 납에 대한 수요가 일거에 얼어붙으면 어떻게 될까?

한번 균형점에서 이탈하는 순간, 납 가격은 바닥을 모르는 추락 국면으로 접어들게 될 것이다. 하지만 십수 년에 걸쳐 수백만 달러(혹은 수천만 달러)의 자금과 노력을 기울여 납 광산을 개발했으니, 납 가격이 10~20% 하락한다고 해서 납 생산을 중단할 수는 없다. 이미 많은 비용이 투입되었기 때문에 인건비라도 건질 수 있는 수준이라면 가격을 무시하고 생산을 계속할 것이다. 그래서 균형 회복은 더욱 어려워진다. 채산성이 떨어지는 납 광산이 문을 닫거나 납 축전지 업체들이 보유한 납 재고가 다 떨어질 때까지 가격 인하 경쟁은 계속될 것이기 때문이다."

이런 현상을 경영학계에서는 '리드 타임(lead time)'이라고 지칭한다. 리드 타임은 주문에서 공급까지 걸리는 시간을 말하는데, 주택이나 상품처럼 리드 타임이 긴 산업은 수요와 공급의 불균형이 신속하게 해소되지 않는다. 1973년부터 시작된 고유가 시대가 10년 동안 이어졌던 이유가 여기에 있다. 그러나 공급이 늘기 시작하면, 그때부터는 돌이키기 어려운 가격 하락이 이어질 뿐이다. 1990년 8월 이라크의 후세인 대통령이 전격적으로 쿠웨이트를 침공하며 발생한 '걸프 전쟁'으로 유가가 다시 급등하기도 했지만, 수요가 줄면서 1980년대 초반 이후 약 20년에 걸쳐 저유가 흐름이 이어졌다.

참고 자료

IMF, "End of the Oil Age: Not Whether But When"(2017).
서울경제, "제네시스 G70, 모터트렌드 '올해의 차' 선정"(2019.1).
Gail Tverberg, "Fall of the Soviet Union: Implications for Today"(2011).
짐 로저스, 『상품시장에 투자하라』, 굿모닝북스(2005), 75~77쪽.

5부로부터 얻은 교훈
중앙은행에 맞서지 마라!

닉슨 쇼크 이후의 시장을 다룬 5부에서 얻을 수 있는 교훈은 '중앙은행에 맞서지 말라'는 것이다. 금본위제의 족쇄에서 풀려난 중앙은행은 예전보다 훨씬 더 과감하게 정책을 취할 여력이 생겼다. 1980년처럼 금리를 20%까지 인상할 수도 있고, 1983년처럼 3%대까지 금리를 인하할 수도 있다.

1929년 대공황 당시에는 중앙은행들이 '금본위제'의 사슬에 묶여 있었을 뿐만 아니라, '청산주의'에 빠져 있었기에 즉각적인 대응이 어려웠다. 반면 1971년 이후 중앙은행이 자기 뜻대로 유연하게 금리를 인상하거나 인하할 수 있게 되면서 경기순환의 주기도 길어졌고, 자산시장의 진폭도 예전보다 줄어들었다.

〈도표 5-6〉에 나타난 것처럼 미국 연준의 실질 정책금리가 플러스 국면에 도달하거나 상승하면 주식가격이 급락하고, 반대로 실질 정책금리가 인하되거나 안정적인 수준을 유지하면 주식가격이 급등하는 것을 쉽게 발견할 수 있다.

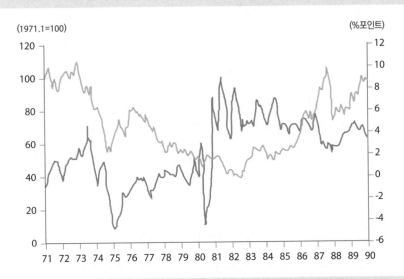

출처: 세인트루이스 연방준비은행.

주식시장의 장기적인 흐름과 실질금리가 연관성이 강한 것은 지극히 당
연한 일이다. 실질금리가 상승하면 주식보다 은행 예금 등 안전자산에
대한 선호도가 높아지며, 금리인상이 유발한 경기 침체 영향으로 기업
의 실적이 악화될 가능성이 부각되기 때문이다. 물론 반대로 실질금리
가 하락하는 등 중앙은행이 완화적인 통화정책을 펼칠 때에는 주식시장
이 상승하기에, 중앙은행의 통화정책 기조를 늘 관찰할 필요가 있다.

이런 현상이 나타나는 건 두 가지 요인 때문이다. 첫째, 실질금리가 높아지면 주식투자에 대한 매력은 상대적으로 떨어진다. 무위험 이자율의 급격한 상승은 자금을 주식에서 채권 혹은 은행 예금으로 이동하게 하며, 이는 주식시장 수급에 직접적인 타격을 준다.

둘째, 실질금리가 높아지면 성공 가능성이 낮다고 생각되는 투자 프로젝트들이 중단되고 이 과정에서 고용이 악화될 가능성이 높다. 그뿐만 아니라, 소비자들의 저축 성향이 강해져 경제 전체의 성장 탄력이 둔화될 수밖에 없다. 이는 기업들의 실적 전망 악화로 연결되며, 주식 투자의 매력을 약화시킨다. 또한 주식 가격의 하락은 주식을 이미 보유하고 있는 투자자들의 자산 손실을 유발해, 추가적인 소비 둔화로 이어지는 악순환을 가져온다. 따라서 실질금리의 가파른 상승은 경제 전체에 '불황' 가능성을 높이게 된다.

이 대목에서 조금 더 지적할 것은 1971년 닉슨 쇼크 이후, 경기순환이 점점 길어지고 안정적으로 변했다는 점이다. 미경제분석국(NBER)은 미국 경제가 언제 침체되고 또 언제 회복되는지를 판정하는데, 이들은 국내 총생산이 2분기 연속 감소한 경우를 불황으로 본다. 이에 따르면 1854년부터 2009년까지 미국은 총 33번의 경기순환을 기록했다.

그런데 놀라운 것은 1854년부터 1919년까지 금본위제가 강력하게 시행될 때, 경기순환의 평균적인 지속 기간이 48.2개월에 불과했다는 것이다. 다시 말해 평균 4년마다 경기가 좋아졌다 다시 나빠졌던 셈이다. 그러나 1919년부터 1945년까지는 경기순환의 평균 지속 기간이 53.2개월로 늘어났고, 특히 1945년부터 2009년까지는 평균 69.5개월이 되었다. 이전보다 훨씬 호황이 길어진 셈이다.

참고로 미국 경제는 2009년 6월 '바닥'을 기록한 후, 이 책을 쓰는 현재 시점(2019년 2월)까지 경기 확장이 이어지고 있는데, 이는 1991년 3월부터 2001년 3월까지 무려 128개월 동안 경기 확장이 이어졌던 때를 제외하고 역사상 두 번째로 긴 확장 국면이다.

물론 금본위제의 폐지가 좋은 일만 가져온 것은 아니다. 인플레 압력을 높였을 뿐만 아니라, 6부에서 다룰 일본 사례에서 볼 수 있듯, 정책당국이 적절하게 자산시장의 버블을 통제하지 못할 경우 걷잡을 수 없는 후폭풍을 경험하게 되는 상황을 만들었다. 6부에서는 일본의 사례를 자세히 살펴보기로 하자.

참고 자료

NBER, "US Business Cycle Expansions and Contractions"(2010.9.20).
러셀 내피어, 『베어 마켓』, 예문(2009), 420~421쪽.
홍춘욱, 『인구와 투자의 미래』, 에프엔미디어(2017), 34쪽.

6부

일본 경제는
어떻게 무너졌나?

The History of Money

1장
플라자 합의는 어떻게 벌어졌나?

    1971년 닉슨 쇼크 이후, 세계 금융 시장은 큰 변화를 겪었다. 무엇보다 '변동환율제도'를 채택한 나라가 늘어나며, 환율이 시장에서 자유롭게 결정되기 시작한 것이 결정적이었다. 환율에 대해 조금 부연 설명을 하자면, 환율은 한 나라 화폐의 상대적인 가치를 의미한다. 우리나라는 원, 일본은 엔, 미국은 달러 등 세계에는 각 나라의 화폐가 존재하며, 이 다양한 화폐의 교환비율을 환율이라고 부른다. 예를 들어, 원/달러 환율이 1,100원이라고 말하는 것은 미화 1달러가 원화 1,100원으로 교환된다는 뜻이다.

    그렇다면 환율이 움직일 때, 우리는 어떤 영향을 받게 될까? 간단한 예를 통해 살펴보자. 어제 1달러가 원화 1,100원에 거래되다가 오늘은 1,300원에 거래되는 상황을 살펴보자(=달러 강세). 미국에서 1,000달러에 팔리고 있는 애플의 아이폰을 어제는 우리 돈 110만 원에 구입했지만, 오늘은 가격이 130만 원으로 상승해 어제보다 20만 원을 더 지불해야 한다. 같은 기간 우리나라 갤럭시 노트의 가격이 100만원에 머물러 있다면, 이전보다 많은 사람이 갤럭시 노트를 구매하려 들 것이다. 물론 소비자들 입장에서는 선택의 폭이 줄어드는 등 손실이 발생한다고도 볼 수 있다. 특히 갤럭시 노트 같은 대체재가 없는 제품, 이를 테면 휘발유나 경유 같은 경우에는 환율 상승이 곧바로 소비자 가격의 상승으로 연결될 것이다.

반대로 어제 1달러에 대한 원화 환율이 1,100원이었는데, 오늘 갑자기 900원으로 떨어진 경우를 생각해보자(=달러 약세). 환율 상승과 반대되는 현상이 나타날 것이다. 미국에서 1,000달러에 팔리는 아이폰의 원화 환산 가격이 어제 110만 원에서 오늘 90만 원으로 20만 원 떨어질 것이며, 갤럭시 노트를 비롯한 우리나라 경쟁 제품은 상대적으로 가격이 비싸 보일 것이다. 소비자의 입장에서는 싼 가격에 해외에서 수입된 물건을 구입할 수 있어, 환율 하락으로 구매력이 개선되는 효과를 거두게 될 것이다.

그럼 환율은 어떻게 움직일까? 다른 모든 상품처럼, 매수세가 매도세를 압도하면 상승하고, 반대로 매수세보다 매도세가 더 강하면 하락한다. 그럼 어떨 때 달러에 대한 매수세가 강화될까? 미국이 대규모 무역 흑자를 기록하거나 미국 금리가 다른 나라에 비해 압도적으로 높아지는 경우에는 달러에 대한 수요가 증가할 가능성이 높다.

1980년대 초반이 이런 상황이었다. 당시 달러가 강세를 보인 건 볼커 연준 의장의 강력한 금리 인상 때문이었다. 다른 나라에 비해 달러 이자율이 훨씬 더 높아졌을 뿐만 아니라 인플레가 완전히 퇴치될 때까지는 고금리 정책을 유지하겠다는 연준의 태도 덕분에 전 세계 투자자들은 달러에 대해 다시 신뢰를 가지게 되었다.

그러나 달러 강세가 오랫동안 지속됨에 따라, 미국의 경상수지 적자 문제가 다시 부각되기 시작했다. 제2차 석유파동이 발생했던 1980년, 경상수지 적자는 255억 달러에 불과했는데, 유가가 하락한 1984년에는 오히려 1,125억 달러로 늘어났던 것이다. 반면, 일본은 석유파동을 제외하고는 내내 흑자를 기록했고 특히 1984년에는 자동차의 수출 호조에 힘입어 경상수지 흑자가 350억 달러까지 확대되었다.

물론 미국이 적자를 기록하고, 일본이 흑자를 기록한 이유를 '환율' 하나만으로 설명할 수는 없다. 그러나 미국 레이건 행정부는 '환율 조정'을 통해 경상수지 적자 문제를 해결할 수 있을 것이라고 판단했다. 그들은 1985년 9월 22일 뉴욕 플라자호텔에서 열린 서방 선진 5개국(미국, 프랑스, 독일, 일본, 영국)의 재무장관 및 중앙은행총재 회담(이하 '플라자 회담')에서 다음의 두 가지 합의를 이끌어냈다.

① 미국의 무역수지 개선을 위해 일본 엔화와 독일 마르크화의 평가절상을 유도한다.
② 이것이 순조롭지 못할 때에는 정부의 협조 개입을 통해 목적을 달성한다.

1985년 9월 뉴욕 플라자호텔에서 열린 재무장관회의, 플라자 회담. 왼쪽부터 독일(서독), 프랑스, 미국, 영국, 일본의 재무장관이다.

플라자 합의(Plaza agreement) 이후 일본과 미국 그리고 독일 중앙은행은 달러 가치 하락을 위해 강력한 시장 개입에 나서는 한편, 정책금리의 급격한 조정을 통해서라도 달러화의 가치를 떨어뜨리겠다는 의지를 표명함으로써 시장 분위기를 완전히 바꾸는 데 성공했다. 헤지펀드(hedge fund)* 가 발 빠르게 달러 매도에 나섰고, 이어 상업은행들이 가세하면서 달러에 대한 엔화 환율은 급격하게 떨어지기 시작했다.

플라자 합의 직전, 달러에 대한 엔화 환율은 242엔이었으나, 9월 말에는 216엔이 되었고, 10월 말에는 211엔, 11월 말에는 202엔이 되었다. 지금이라면 도저히 불가능한 일이지만, 당시에는 소련에 맞서 싸우는 자유 세계의 일원이라는 동료 의식이 있었던 데다, 미국에 대한 수출 비중이 높은 독일, 일본, 프랑스 등이 미국의 환율 조정 요구를 거절하기 힘든 입장이었기에 가능했다.

그렇다면 환율의 급격한 하락을 겪은 일본 경제에는 어떤 일이 벌어졌을까? 달러에 대한 엔화 환율이 절반 수준으로 떨어졌으니, 수입 물가가 하락하기 시작했다. 수입 물가가 떨어지니, 일본에서 만들어진 각종 제품의 가격도 떨어질 수밖에 없었고, 수출 기업들은 이전에 비해 훨씬 어려운 여건에서 경쟁할 수밖에 없었다. 지속적으로 엔화의 강세가 나타난다면, 수출 기업들은 사업을 접어야 할지도 모른다는 공포가 일본 전역을 뒤덮었다.

이른바 '엔고 불황'에 대응해 일본 중앙은행은 금리 인하로 대응했다. 플라자 합의 직전 5%였던 재할인율이 1987년 초 2.5%까지 떨어지자, 일

---

* 주식, 채권, 파생상품, 실물자산 등 다양한 상품에 투자해 목표 수익을 달성하는 것을 목적으로 하는 펀드다. 불특정 다수로부터 자금을 유치하는 공모펀드보다는 대규모 자금을 굴리는 100명 미만의 투자자로부터 자금을 모아 파트너십을 결성한 뒤 조세피난처에 거점을 마련해 활동하는 사모펀드 형태가 일반적이다.

〈도표 6-1〉 **1985년을 전후한 달러에 대한 엔화 환율**(황금선, 좌축)**과 일본 정책금리**(초록선, 우축)

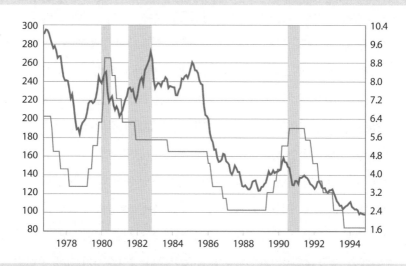

출처: 세인트루이스 연방준비은행(https://fred.stlouisfed.org/graph/?g=mR2d).
주: 음영으로 표시된 부분은 전미경제분석국(NBER)이 불황으로 판정한 시기.

1985년 9월 플라자 합의 이후, 달러에 대한 엔화 환율이 급락한 것을 발견할 수 있다. 이로 인해 촉발된 이른바 '엔고 불황'의 충격을 완화하기 위해 일본 중앙은행은 정책금리를 2.5%까지 인하했지만, 자산시장의 버블을 유발하고 말았다.

본 경제에 활기가 돌기 시작했다. 수출 경기는 여전히 회복되지 않았지만, 내수경기가 좋아졌다. 부동산 담보대출과 자동차 할부금융 등 목돈이 드는 물건을 구입할 때 금리 조건은 큰 영향을 미치는데, 자동차나 주택 같은 큼직큼직한 소비가 증가하면 기업 이익이 개선된다. 엔고로 수출 경쟁력이 약화되었기에, 일본 기업들은 수출보다는 국내 소비를 겨냥한 투자, 즉 부동산 및 리조트 등 위락시설 투자에 집중했다.

상품 가격 하락도 분위기를 바꾸는 데 큰 역할을 했다. 1985년 말 배럴당 30달러에 거래되던 국제유가가 1986년 초부터 급락하기 시작해, 1986년 말 15달러까지 떨어진 것이다. 국제유가가 하락하면 일본 경제에는 두 가지 이점이 생긴다. 무엇보다 원유를 전량 해외에서 수입할 수밖에 없는 여건에서 유가 하락은 수입 물가의 안정을 의미했다. 또 다른 이점은 경상수지 개선이었다. 엔화 강세로 수출 경쟁력이 약화된 상황에서 수입 원재료 가격의 하락은 수출 경쟁력 개선을 의미했고, 나아가 수입대금 지급 부담이 낮아져 수입도 줄어들어 경상수지가 크게 악화되는 것을 막을 수 있었다.

일본 경제가 '엔고 불황'의 충격에서 벗어나기 위해 노력하는 가운데, 미국은 파티를 즐기고 있었다. 달러가 약세를 기록함에 따라 수출 기업의 경쟁력이 개선되고 경상수지 적자도 줄어들기 시작했기 때문이다. 특히 일본 등 주요 경쟁국과 치열한 경쟁을 벌이던 자동차 업종은 한숨 돌릴 수 있었다. 그러나 1985년 9월의 플라자 합의는 단순히 달러 약세를 유발한 것을 넘어 훨씬 더 복잡한 문제를 일으켰다. 이 점에 대해서는 다음 장에서 자세히 살펴보자.

참고 자료

홍춘욱, 『환율의 미래』, 에이지21(2016), 17~18쪽.

이찬우, 『대한민국 신국부론』, 스마트북스(2014), 30~31쪽.

차명수, 『금융 공황과 외환 위기, 1870-2000』, 아카넷(2004), 187쪽.

IMF, "The Curious Case of the Yen as a Safe Haven Currency"(2013).

2장

미국 블랙 먼데이, 일본 자산가격의 버블을 촉발하다!

　1985년 9월 플라자 합의 이후, 미국 경제와 주식시장은 호황을 누렸다. 기업들의 경쟁력이 강화된 데다 일본 등 다른 선진국들이 일제히 금리를 인하하면서 '경기부양' 효과가 나타났기 때문이다. 그러나 호황은 2년을 가지 못한 채 '블랙 먼데이(Black Monday)'라는 희대의 주가 폭락 사태를 맞아 좌초되고 말았다. 참고로 블랙 먼데이란, 1987년 10월 19일 월요일, 미국의 다우존스 산업평균지수가 전날에 비해 무려 22.6%나 폭락한 사건을 지칭한다. 이후 주가가 급락하면 언론에서는 항상 '블랙 ~데이'라는 이름을 붙일 정도로 인상적인 사건이었다.

　블랙 먼데이가 발생한 원인에 대해서는 다양한 의견이 제기되는데, '달러 약세'에 대한 우려에서 폭락의 원인을 찾는 학자들이 많다. 1985년 9월 플라자 합의 이후 달러 약세가 지속되면서, 환손실을 우려한 외국인 투자자들이 이탈할 것을 걱정하는 투자자들이 늘어났던 것이다. 참고로 플라자 합의가 있었던 1985년 한 해에만 외국인 투자자들의 미국 주식 순매수가 16억 달러를 기록했고, 1986년에는 62억 달러로 부풀어올랐다. 특히 외국인 투자자들은 1987년 1~9월에만 무려 78억 달러의 주식을 순매수 하는 등 미국 주식가격의 상승을 이끈 1등 공신이었다. 따라서 당시의 상황만 본다면 외국인 투자자들이 주식시장에서 이탈할 것이라는 징후는 별로 보이지 않았다.

그러나 당시 금융 시장 참가자들은 언제 갑자기 외국인이 이탈할지 모른다는 공포를 느끼고 있었는데, 특히 앨런 그린스펀(Alan Greenspan) 연준 의장이 1987년 9월 5일 재할인율을 5.5%에서 6.0%로 인상한 것이 투자 심리를 위축시키는 방아쇠 역할을 했다. 그린스펀 의장이 금리를 인상한 것은 경기 과열을 막기 위한 행동이었지만, 시장 참가자의 상당수는 미국이 달러의 약세를 저지하기 위해 노력한다는 신호로 받아들였다. 특히 그해 10월 14일 발표된 미국의 9월 무역수지가 사상 최대 규모의 적자를 기록하면서 달러 약세에 대한 기대가 더욱 강화되었고, 투자자들의 이탈이 연쇄적으로 일어나고 말았다.

블랙 먼데이의 충격을 확대시킨 것은 '포트폴리오 보험'이었다. 블랙 먼데이 직전, 미국 금융 시장에서는 이른바 '포트폴리오 보험'이라는 새로운 상품이 유행하고 있었다. 이 상품은 간단하게 말해 '시장이 폭락하더라도 자산 가치가 사전에 정한 수준 이하로 떨어지지 않게 설계된' 일종의 보험 전략이었다. 이 전략이 가능해졌던 건 1983년부터 미국 증권거래소가 S&P500 지수 등 주요 주가지수를 기초 자산으로 한 '선물(Futures)' 거래를 개시했기 때문이다. 선물 거래란 계약 당사자가 미리 정한 시점(우리나라의 경우 3, 6, 9, 12월 둘째 주 목요일)에 정한 양만큼의 상품을 인도하는 계약이다.

결국 포트폴리오 보험이란 전체 자산의 일정 부분을 덜어서 선물을 매도하는 계약인 셈이다. 즉, 주가가 폭락할 위험을 대비해 '미리 주식을

앨런 그린스펀 연준 의장

파는' 거래를 해놓았다고 볼 수 있다. 블랙 먼데이를 전후해 주식시장의 변동성이 확대되자, 포트폴리오 보험 전략을 채택하지 않았던 투자자들 마저 서둘러 '선물 매도'에 나서며 금융 시장에 일종의 쏠림 현상을 만들 었다. 선물 매도가 대대적인 프로그램 주식 매도를 유발했고, 주가 폭락 에 놀란 투자자들이 다시 선물 매도에 나서는 일종의 악순환을 일으킨 것이다.

'블랙 먼데이'는 금융 시장 참가자들이 잊어버리고 있던 트라우마, 1929년 대공황의 기억을 되살렸다. 특히 블랙 먼데이의 주가 폭락 수준 이 1929년 '검은 목요일'의 주가 하락률(-21%)을 넘어섰던 것이 공포를 자 극했다. 그러나 1929년의 연준과 1987년의 연준은 전혀 달랐다. 1929년 당시에는 연준이 통화공급을 확대하기는커녕, 금융위기가 절정에 달했 던 1931년에 오히려 금리를 인상했지만, 1987년 블랙 먼데이 당일 그린 스펀 연준 의장은 "통화를 풍부하게 공급하고 금리를 내릴 것"이라고 선

〈도표 6-2〉 블랙 먼데이를 전후한 미국 다우존스지수와 달러 가치 추이

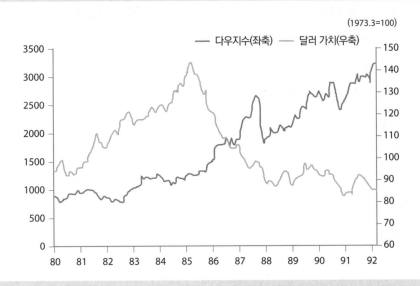

자료: 블룸버그, 세인트루이스 연방준비은행.

플라자 합의 이후 시작된 강력한 달러 약세 영향으로, 미 주식시장은 급등했다. 그러나 시장 참가자들이 달러 약세로 인해 외국인 투자자들이 이탈할 수 있다는 우려를 갖기 시작하고, 독일 등 선진국 중앙은행의 금리인상이 달러 약세를 더욱 심화시킬 것이라는 예상이 퍼지면서 미 주식시장에 급격한 조정(블랙 먼데이)이 찾아오고 말았다.

언한 데 이어, 베이커 재무장관은 독일(당시 서독)을 방문하여 재무장관 및 중앙은행 총재와 연쇄 회동을 갖고 금리 인하를 요청하였다. 이런 노력이 성과를 거두어 1987년 말 다우존스 산업평균지수는 블랙 먼데이 이후 최저점에 비해 200포인트 이상 상승한 1,938포인트로 한 해를 마감했다. 또한 달러 가치는 1987년 말을 고비로 안정세를 되찾았다. 즉, 연준을 비롯한 세계 주요국 중앙은행의 공조에 힘입어 위기를 금방 해소한 것이다.

여기까지만 보면 멋진 성공 스토리다. 그러나 블랙 먼데이는 일본에 매우 난처한 문제를 일으켰다. 미국 정책당국자가 독일이나 일본 등 주요 선진국 중앙은행에게 "심각한 금융위기로 발전하는 것을 막기 위해 세계 주요국 중앙은행이 함께 금융완화 정책을 시행하자"고 요구했기 때문이다. 이게 왜 문제가 되었는지에 대해서는 3장에서 보다 자세히 살펴보자.

참고 자료

홍춘욱, 이운덕, 이길영, 『알고 하자! 돈 되는 주식투자』, 가림M&B(2002),
    161~162쪽.
이찬우, 『대한민국 신국부론』, 스마트북스(2014), 30~31쪽.
차명수, 『금융 공황과 외환 위기, 1870-2000』, 아카넷(2004), 187쪽.
피터 L. 번스타인, 『세계 금융 시장을 뒤흔든 투자 아이디어』, 이손(2006), 438,
    443~444쪽.

3장
일본 주식시장, 얼마나 비쌌나?

블랙 먼데이 직전, 일본 중앙은행은 금리 인상을 진지하게 검토하고 있었다. 내수 경기가 강하게 살아나고 주식시장이 급등하는 등 이른바 '엔고 불황'에 대한 우려가 진정되고 있었기 때문이다.

1985년 말, 일본 니케이 지수(일본을 대표하는 255개 종목으로 구성된 주가지수)는 1만 3,083포인트로 마감한 후, 1986년 말에는 1만 8,821포인트까지 상승했으며, 1987년 1월 30일에는 2만 포인트를 상향 돌파하는 강세를 보였다. 특히 주당순이익과 주가의 비율, 즉 주가수익비율(PER)이 1986년 말 주가 기준으로 49.2배에 이른 것은 대단히 큰 부담이었다. 1965년부터 1986년까지의 평균 PER이 23.6배였음을 감안할 때, 1986년 말 일본 주식시장은 거의 2배 이상 고평가되었던 셈이다.

1986년 말 취임한 앨런 그린스펀 연준 의장이 기존의 저금리 정책을 중단하고 금리를 인상한 것도 일본 중앙은행이 정책 기조 변경을 검토한 요인이 되었다. 미국이 금리를 인상하면 일본이 금리를 인상하더라도 '엔고'의 위험이 약화될 수 있다. 물론 두 나라의 금리차만으로 환율

일본은 1986년부터 1991년까지 소위 거품 경제 기간 동안 부동산과 주식 가격 증가로 자산이 늘었다. 당시 일본 기업은 해외 부동산 구매에도 나서기 시작했는데, 1989년 미쓰비시 지소가 약 2,000억 엔으로 록펠러 센터를 구입하기도 했다.

이 결정되는 것은 아니지만, 두 나라의 경제 여건이 비슷하다면, 조금이라도 더 금리가 높은 나라의 통화를 선호할 가능성이 높아지는 건 부인하기 어려운 사실이다. 따라서 1987년 상반기에 일본 중앙은행은 금리를 인상했어야 했다.

그러나 '타이밍'을 놓치고 말았다. 1987년 상반기에 금리를 인상했으면 좋았을 텐데, 이를 미적거리다 미국 블랙 먼데이로 인한 '국제 공조'에 동참하느라 1989년까지 금리 인상을 단행하지 못한 것이다. 결국 역사상 유례를 찾기 힘든 주식 버블이 출현했다. 이 대목에서 잠깐 '버블'에 대해 이야기하자면, 자산가격이 어떤 수준에 도달해야 버블인지 정확하게 판단하기 힘들다. 이때 활용하기 좋은 기준이 하나 있는데, 그것은 바로 내부자 입장에서의 판단이다. 내부자 입장에서 주식을 매수하기보다 매도할 유인이 훨씬 강해지는 때가 바로 '버블'이라는 것이다.

　예를 들어 1980년대 말 어느 기업가가 일본 주식시장에 상장을 계획하고 있다고 가정해보자. 그런데 주가수익비율(PER)이 4배에 불과하다면 주식시장에 공개하지 않으려 할 것이다. 주식시장에 상장하는 이유는 결국 자본을 조달하기 위함인데, 회사 한 주의 기대수익률(주당순이익/주가×100)은 25%인 반면, 당시 일본의 은행 금리는 2.5%에 불과하니 주식을 상장하는 것보다 은행에서 대출받는 게 낫기 때문이다. 이처럼 주식시장이 침체되어 상장 기업들의 PER이 낮을 때에는 기업의 증자나 상장이 크게 줄어든다.

　반면 주가가 높아지면 이와 반대되는 현상이 나타난다. 예를 들어 1989년 일본처럼, 돈도 제대로 못 버는 별볼일없는 기업의 주식도 PER이 100배에 거래되고 채권 금리가 6%를 넘어선다고 생각해보자. 이 기업 주식의 기대수익률은 1%(=주당순이익/주가×100=1%)에 불과한데 채권 금리는 6%를 넘어서고 있다면, 최고경영자가 어떤 선택을 할지 자명하다. 부지런히 증자를 해서 조달한 돈을 채권에 투자하는 게 훨씬 남는 장사가 된다는 것을 누구나 알 것이다.

　지난 2000년 코스닥 버블 때, 많은 정보통신기업이 증자로 유입된 돈을 빌딩 매입에 투자했던 것은 매우 합리적인 행동이라고 볼 수 있다. 즉, 시장금리가 높은 수준까지 상승한 상황에서 주식의 PER이 급격히 상승하면 주식 공급은 무한히 증가하게 되고, 주식 공급이 증가하면 증가할수록, 주식시장은 점점 더 상승 탄력을 잃어버리게 되는 것이다.

　이 대목에서 한 가지 궁금증이 제기된다. 1980년대 후반, 일본의 PER은 몇 배였을까? 〈도표 6-3〉은 1980년대 말 일본 주식시장 PER을 보여주는데, 무려 67배 전후에서 거래되었음을 발견할 수 있다. 어떤 기업이

〈도표 6-3〉 1965년 이후 일본 주식시장 주가수익비율(PER) 추이

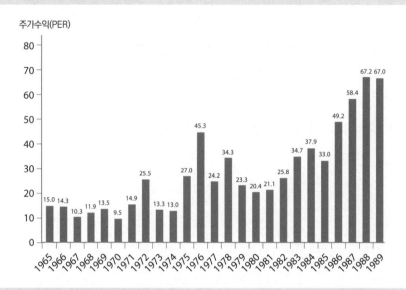

출처: 로렌 템플턴, 스콧 필립스(2009).

1989년 일본의 주가 버블 당시 주가수익비율, 즉 주당순이익과 주가의 배율은 무려 67에 이르렀다. 기업이 벌어들이는 순이익에 비해 주가가 67배에 이르는 기업들이 주식시장에는 종종 존재한다. 이런 기업들은 대단히 성장 속도가 빠르다는 특징이 있는데, 일본 경제는 이미 1인당 국민소득이 4만 달러에 이르는 성숙 단계에 있었기에 주가수익비율이 67배라는 것은 어떻게 보아도 '버블'이라고밖에 표현할 길이 없었다.

한 해에 벌어들인 이익을 67년 동안 모아야 그 주식을 매입할 수 있다는 이야기이니, 얼마나 비싼 수준인지 짐작할 수 있을 것이다.

물론 당시 일본 주식시장 참가자들은 "주당 순자산가치(BPS, Book value per Share)가 높으니 거품이 아니다."라고 주장했지만, 1989년 일본 상장기업의 주가는 주당 순자산가치의 4배를 넘어섰다. 기업이 보유한 자산의 가치가 아무리 높다 하더라도, 자산의 가치보다 주가가 4배 이상 높은 수준을 유지하기 위해서는 수익성이 높아야 한다. 그러나 앞에서 살펴본 것처럼 주당 주식의 기대 수익은 1% 초반에 불과했으니, 어떻게 보아도 일본 주식시장은 버블 국면에 진입했다고 볼 수밖에 없었다.

참고 자료

켄 피셔 제니퍼 추, 라라 호프만스, 『3개의 질문으로 주식시장을 이기다』, 비즈니
    스맵(2008).

로렌 템플턴, 스콧 필립스, 『존 템플턴의 가치 투자 전략』, 비즈니스북스(2009),
    113쪽.

이찬우, 『대한민국 신국부론』, 스마트북스(2014), 42쪽.

홍춘욱, 이운덕, 이길영, 『알고 하자! 돈 되는 주식투자』, 가림M&B(2002), 89쪽.

4장

일본 부동산시장은 갈라파고스?

1980년대 말, 일본에서 주식가격 폭등보다 더 문제가 된 것은 부동산이었다. 주식시장 호황으로 기업들의 증자 및 신규 상장이 쉬워짐에 따라 은행의 기업 대출이 줄어들었고, 은행이 남아도는 돈을 부동산 담보 대출로 운용하기 시작하면서 안 그래도 비쌌던 일본 주택 가격이 급등했다.

시중 은행의 부동산 업종 대출이 1988년 31조 4,486억 엔이던 것이 1990년에는 42조 4,269억 엔으로, 주택 관련 대출 잔고는 1988년 25조 164억 엔에서 1990년 38조 1,509억 엔으로 급증했다. 가계뿐만 아니라 기업들도 부동산 투자에 뛰어들었다. 1985년까지 연간 4조 엔에 불과했던 증시 자금 조달(유상증자, 신주인수권부사채, 전환사채 발행 등) 규모는 1989년에 26조 엔으로 크게 증가했고, 기업들은 이 돈을 부동산에 투자하기 시작했다. 기업들의 토지 순매수 규모는 1985년 3.8조 엔에서 1988년에는 6.5조 엔, 그리고 1989년에는 10.0조 엔으로 늘어났다.

돈이 돈을 벌어주는 '재테크'의 시대가 출현하자, 부동산시장은 무서운 속도로 커지기 시작했다. 1984년을 전후해 100포인트에 불과하던 전국 지가(地價)는 1990년 160포인트로 급등했으며, 특히 동경과 오사카 등 이른바 6대 도시의 지가지수는 무려 300포인트까지 치솟았다.

당시 일본 부동산 가격이 얼마나 놀라운 수준이었는지 알기 위해서는 '국제적인 비교'가 필요하다. 카타리나 크놀(Katharina Knoll) 등의 연구자들이 발표한 논문 〈글로벌 주택가격 조사〉에 따르면, 세계 부동산시장은 '일본'과 '일본 이외'로 구분이 가능하다. 1913년을 100으로 놓고 볼 때 미국, 영국, 캐나다, 호주 등 세계 12개 나라의 실질 주택가격은 100여 년 동안 약 4배 상승했다. 그러나 일본은 그 추세가 다른 나라들과 달랐다. 1913년부터 1990년까지 약 31배 상승한 후, 다음 25년간 약 50% 하락했다. 꾸준히 상승세를 보인 다른 나라들과 달리 일본은 부동산 세계의 '갈라파고스' 같은 존재였던 셈이다.

왜 일본 부동산시장은 다른 선진국과 다른 길을 걸어가게 되었을까? 다른 선진국에 비해 일본 경제의 성장 속도가 빠르고, 도시화가 급격히 진행되었던 것이 1955~1973년 주택가격 상승의 원인이었음은 분명하다. 그러나 그 이후의 부동산 가격 상승은 결국 1985년 플라자 합의 이후 저금리 환경에서 발생한 '버블'에서 그 원인을 찾을 수밖에 없다.

이렇듯 역사상 유례를 찾기 힘든 수준으로 부동산 가격이 부풀어 오르자, 일본 중앙은행도 더 이상 인내할 수 없었다. 결국 1989년 5월 30일, 금리를 0.75%포인트 인상했다(2.5→3.25%). 일본 중앙은행의 금리인상은 1980년 8월 이후 처음이었지만, 일본 부동산시장은 꿈쩍도 하지 않았다. 1989년에도 일본 전국 지가지수는 전년 같은 기간에 비해 9.5% 상승했으며, 6대 도시 상업용지 가격은 25.8% 상승했다. 또한 1990년 한 해 동안 전국 지가지수는 14.7% 상승해, 전년도의 상승률을 뛰어넘

〈도표 6-4〉 1913년 이후 세계 주요국 실질 부동산 가격 추이

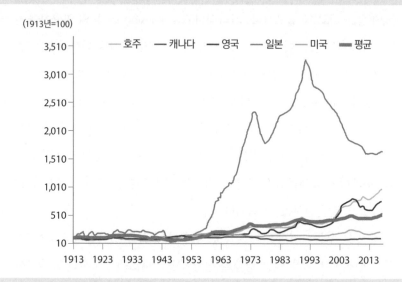

출처: Knoll 등(2017).

1913년 이후 전 세계 주요국 실질 부동산 가격의 추이를 보여주는데, 일본 주택시장이 압도적인 가격 상승을 기록했음을 알 수 있다. 물론 다른 선진국에 비해 일본이 빠른 성장세를 보였고, 상대적으로 도시화율이 낮았던 것이 일본 주택가격의 상승 원인으로 작용했지만, 경제 성장 탄력이 둔화되고 도시화 흐름이 일단락된 뒤에도 급등세가 이어진 것은 결국 과잉 유동성에 따른 '버블'에 원인이 있었던 것으로 보인다.

었다.

그러나 일본 중앙은행이 금리를 6%까지 인상하자, 일본 부동산시장도 더는 버틸 수 없었다. 게다가 부동산 호황에 도취된 건설회사들이 연 170만 호의 신규 주택을 공급한 것이 치명적인 영향을 미쳤다. 인구 1억 2천만 명의 나라에 주택이 4천만 호 있는데, 40년마다 재건축된다고 가정하면 연평균 필요한 주택 공급 호수는 100만 호 전후다. 그런데 1990년대 초반, 일본에는 연 170만 호의 주택 공급이 계속되어 심각한 '공급 과잉'을 유발하고 말았다. 아무리 부동산 가격 상승에 대한 기대가 높아도, 주택이 이렇게 넘쳐나면 부동산시장의 수급 균형은 깨질 수밖에 없다.

외환이나 석유 등 모든 상품은 수요와 공급에 의해 가격이 좌우된다. 그런데도 당시 일본 국민과 건설업체들은 이 자명한 진실을 망각한 것처럼 행동했다. 이게 비극의 시작이었다.

참고 자료

Katharina Knoll, Moritz Schularick and Thomas Steger, "No Price Like Home: Global House Prices, 1870~2012", AMERICAN ECONOMIC REVIEW, VOL. 107, NO. 2, FEBRUARY 2017, 331~353쪽.

홍춘욱, 이운덕, 이길영, 『알고 하자! 돈 되는 주식투자』, 가림M&B(2002), 86~87쪽.

Yukio Noguchi 등, "Chapter in NBER book Housing Markets in the United States and Japan", University of Chicago Press(1994).

동아일보, "우리나라 부동산도 일본식 거품 붕괴?"(2018.10.19).

한국주택금융공사, "하락의 추억, 침체에 대한 회고"(2018).

이재범, 김영기, 『부동산의 보이지 않는 진실』, 프레너미(2016), 90쪽.

5장
자산가격 버블이 붕괴될 때 불황이 출현하는 이유는?

공격적인 금리 인상과 공급 과잉의 영향으로 1990년부터 일본 자산 시장이 무너졌다. 특히 자산가격 붕괴가 심화된 1991년부터는 경제성 장률마저 떨어지는 등 불황의 징후가 나타났다. 이 대목에서 한 가지 의 문이 제기된다. 자산가격이 폭락할 때 불황이 출현하는 이유는 어디에 있는가?

이 의문을 해결하는 데, 노무라 증권 이코노미스트인 리처드 쿠(Richard Coo)의 책 『대침체의 교훈』에 실린 도표가 큰 도움을 준다. 〈도표 6-5〉는 1990년 버블 붕괴 이후 일본 기업과 가계가 얼마나 큰 손실을 맛보았는 지를 보여준다. 1990년 당시 일본 명목 GDP가 449조 엔이었는데, 주택 및 주식 가격 폭락 사태로 사라진 자산 가치가 1,500조 엔에 이르는 것 을 알 수 있다.

이처럼 어마어마한 손실은 두 가지 심각한 문제를 가져왔다. 하나는 경제 주체들의 대차대조표 손실에 따른 복구 노력이고, 다른 하나는 '역

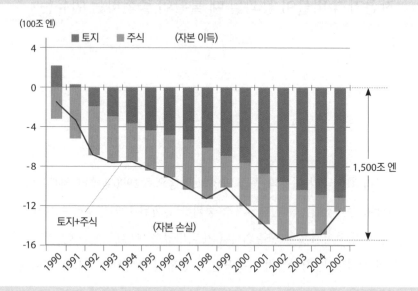

〈도표 6-5〉 1990년 이후 일본 가계와 기업의 자산 손실 규모

자료: 리처드 쿠(2010).

주식과 주택 시장에서 발생했던 버블 붕괴로 인해 2005년까지 발생한 손실을 추정한 것인데, 당시 GDP의 3배가 넘는 1,500조 엔으로 나타난다. 특히 2008년 글로벌 금융위기와 2011년 동일본 대지진의 충격으로 한 차례 주택과 주식 가격이 더 떨어졌던 것을 감안하면, 손실 규모는 이를 훨씬 넘어설 것으로 추정된다.

(逆) 부(富)의 효과**다.

먼저 자산 15억에 부채 10억을 가진 가계를 생각해보자. 이 가계는 10억의 빚을 얻고 자신의 순자산 5억을 투입해 15억짜리 집을 구매했다(담보인정비율 66%). 그런데 1991년 이후 시작된 부동산 폭락 사태로 집값이 50% 하락하여 7억 5천이 된다면? 이 가계의 순자산은 −2억 5천이 된다. 집 한번 잘못 샀다가 자산 5억을 가진 '중산층'이 자산 마이너스 상태가 된 셈이다.

이런 상황에서 이 가계가 할 일은 하나밖에 없다. 열심히 소비를 줄여서 저축을 늘리고, 어떻게든 빚을 갚아나가는 게 최선이다. 만에 하나 금융기관이 집값 하락에 주목해 대출금을 상환하라고 요구하면 집은 집대로 잃어버리고 빚만 2억 5천이나 진 채로 길바닥에 나앉게 되기 때문이다. 문제는 이런 일이 경제 전체에서 벌어졌다는 점이다. 상당수 가계와 기업이 80년대 후반에 진 빚을 갚기 위해 열심히 저축했다. 그런데 경제 주체 모두가 부채를 줄이기 위해 집단적으로 노력한다면 어떤 일이 벌어질까?

파산 위기에 처한 수백만 명의 주택 소유자들이 빚을 갚기 위해 너도나도 집을 내놓는다면, 또는 채권자들에게 담보 잡힌 집을 매각하기 위해 내놓는다면, 대규모 '집값 폭락'으로 이어질 것이다. 나아가 소비자들이 빚을 갚기 위해 소비를 줄인다면, 경기는 침체되고 일자리가 사라지며 이는 다시 소비자들의 부채 부담을 무겁게 만들 것이다. 이런 악순환이 반복되면, 경제 전체는 물가가 전반적으로 떨어지는 '디플레이션'의 늪에 빠질 것이다. 경제 전체에 디플레 위험이 높아지면 가계와 기업이

* 주가나 부동산 가격이 떨어져 개인의 소비 심리 및 여력이 위축되는 현상을 말한다.

지고 있는 부채의 '실질' 부담은 더 무거워진다. 결국 '채무자들은 더 많이 갚을수록 더 많이 빚지게 되는' 악순환이 경제를 짓누르게 될 것이다.

대차대조표 불황 못지않게 충격을 준 것은 '역(逆) 부의 효과'였다. 평생토록 노력해 형성한 자산의 가치가 순식간에 줄어드는데, 소비 심리가 무너지지 않을 수 없다. 일본이 내수 위주의 경제라는 점이 문제를 더욱 키웠다. 일본은 국내총생산에서 차지하는 수출 비중이 단 10%에 불과하기에, 내수경기가 망가지는 순간 기업들도 탈출구를 잃게 된다. 만일 일본이 우리나라처럼 수출 비중이 높은 국가였다면 수출로 문제를 타개해볼 수 있었을 텐데, 일본 기업들은 이른바 '1억 중산층'이라는 거대한 내수시장에 의지해온 나머지, 1990년 이후의 자산가격 붕괴에 제대로 대처할 여력이 없었다.

1990년대 이후, 우리나라 기업들이 일본 기업을 추격하고, 조선이나 반도체 등 주요 산업에서 이들을 따돌릴 수 있었던 것은 치열하게 노력했기 때문임은 분명하다. 다만 일본이 자산가격 붕괴로 심각한 침체를 겪지 않았다면 추월의 시기는 매우 늦어졌을 것이다.

참고 자료

홍춘욱, 『인구와 투자의 미래』, 에프엔미디어(2017), 43~46쪽.
폴 크루그먼, 『지금 당장 이 불황을 끝내라』, 엘도라도(2013), 70~72쪽.
리처드 C. 쿠, 『대침체의 교훈』, 더난출판사(2010), 53쪽.
유노가미 다카시, 『일본 반도체 패전』, 성안당(2011), 38쪽.

6장
자산가격 하락이 장기불황으로 이어진 이유는?

자산가격 붕괴가 경제 전반에 심각한 불황을 유발하는 과정을 살펴보며 의문을 품은 독자들이 적지 않을 것이다. 경제 전반에 심각한 불황이 시작될 때, 일본 정부는 대체 무엇을 하고 있었는가?

이에 대해 미국 연준은 아주 흥미로운 보고서 한 편을 제출했다. 일본 사례에 대해 다른 나라 중앙은행이 장문의 보고서를 제출했다는 것은 그만큼 일본 경제 상황이 특이하다는 것을 의미하며, 또 자기들도 일본처럼 될 수 있다는 경각심을 가졌다는 뜻으로 볼 수 있다. 보고서에는 다음과 같은 흥미로운 주장이 나온다.

1989년 버블이 붕괴되고 일본 중앙은행이 정책 금리만 공격적으로(200bp* 이상) 내렸다면 디플레이션 악순환은 발생하지 않았을 것이다 일본 정부가 추진했던 재정정책이 경기 하강을 억제하는 데 다소나마 도움을 주긴 했지

---

* bp(basis point)는 금리나 수익률을 나타내는 데 쓰는 기본단위로 100분의 1%를 의미한다. 즉 200bp는 2%가 된다.

만, 통화정책과 함께 진행되었다면 더 좋았을 것이다.

자산시장 버블이 붕괴되던 90년대 초반 일본 중앙은행이 금리를 즉각 2% 이상 인하했다면 일본 경제가 그토록 긴 시간 동안 불황을 겪지는 않았을 것이라는 이야기이다. 왜 이런 주장을 펼치는지 이해하기 위해, 조금만 더 보고서 내용을 살펴보자.

예를 들어 지나친 저금리로 인플레가 발생하면 긴축으로 전환하여 해결할 수 있지만, 경기 부양이 너무 늦거나 규모가 약해 디플레이션에 진입하게 되면 경제를 다시 정상 수준으로 되돌릴 방법이 마땅찮다. 따라서 자산가격 버블이 붕괴될 때는 일단 시장 참가자들의 미래 경제에 대한 예상을 바꿔놓을 정도의 공격적인 경기부양이 필요하다.

즉, 경제 주체들 사이에 디플레 기대 심리가 정착되면 이를 퇴치하기는 무척 어려운 반면, 인플레이션은 금리인상을 통해 얼마든지 억제할 수 있다는 게 보고서의 핵심 내용이라 할 수 있다.

이 대목에서 한 가지 의문이 제기된다. 왜 디플레이션은 퇴치하기 힘들까? '통화정책이 무력화'되기 때문이라는 게 미 연준 이코노미스트들의 지적이다. 물가 상승률이 마이너스로 떨어진 상황에서는 금리를 아무리 낮춰봐야, 실질금리(명목금리에서 물가 상승률을 뺀 것)가 더 떨어지지 않는다. 그 단적인 예가 〈도표 6-6〉의 1994~1995년으로, 소비자물가 상승률이 마이너스로 떨어짐에 따라 일본 중앙은행이 정책금리를 제로 수준까지 인하한 효과가 나타나지 않는 것을 발견할 수 있다.

물론 재정정책을 충분히 그리고 적극적으로 추진한다면 장기불황의

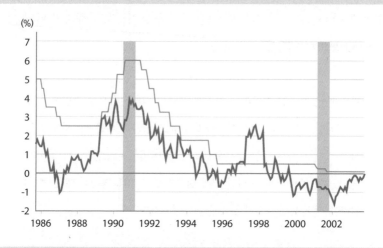

출처: 세인트루이스 연방준비은행(https://fred.stlouisfed.org/graph/?g=mSrv).
주: 음영으로 표시된 부분은 전미경제분석국(NBER)이 불황으로 판정한 시기.

1990년대 초반까지, 일본의 정책당국자들은 경제에 발생한 강력한 '디플레이션' 압력에 대해 제대로 인지하지 못했던 것으로 보인다. 1990년 발생했던 걸프전으로 석유 가격이 일시 상승하면서 인플레 압력이 여전히 높은 수준을 유지하고 있는 것으로 착시를 일으켰고, 일본은행이나 대장성 등 모두 경기를 꽤 낙관했던 것이 '경기 부양'의 타이밍을 놓치는 원인으로 작용했다. 1991년이 되어서야 금리 인하를 시작했지만, 인하 폭이 너무 작았고, 1994년에도 1.75%를 유지하는 등 적극성이 떨어졌다는 비판을 피하기 힘들다.

위험을 막을 수 있었을지도 모른다. 그런데 〈도표 6-6〉에서 1997년을 보면, 갑자기 일본 소비자물가 상승률이 마이너스에서 2%까지 뛰어오르는 것을 발견할 수 있다. 왜 이런 일이 벌어졌냐 하면, 당시 하시모토 정부가 재정적자 문제를 해결하기 위해 소비세를 기존 3%에서 5%로 인상했기 때문이다. 1937년 루스벨트 행정부가 재정 건전화를 위해 재정지출을 삭감한 후 심각한 불황을 겪었던 일을 떠올리게 하는, 이 어처구니 없는 정책 시행으로 일본 경제는 돌이키기 어려운 장기 불황의 악순환에 빠져들었다고 볼 수 있다.

다음 장에서는 일본 중앙은행이 왜 금리인하를 미적거렸는지, 그 이유에 대해 살펴보자.

참고 자료

Alan Ahearne; Joseph Gagnon; Jane Haltmaier; Steve Kamin, "Preventing Deflation: Lessons from Japan's Experience in the 1990s"(2002).

Kiichi Tokuoka ; Murtaza H Syed ; Kenneth H Kang, "'Lost Decade' in Translation – What Japan's Crisis could Portend about Recovery from the Great Recession"(2009).

현대경제연구원, "일본형 장기 불황, 정부 정책 실패가 원인"(2005).

7장

일본 중앙은행은 왜 금리인하를 미뤘나?

앞서 5~6장의 분석을 통해, 일본이 장기불황의 늪에 빠지게 된 이유를 알 수 있었다. 그렇지만 여전히 의문은 풀리지 않는다. 일본 중앙은행은 왜 버블 붕괴가 시작된 지 1년 반이 지나서야 정책금리를 인하했을까?

많은 경제학자는 일본이 '디플레'를 경험해 본 적이 없었기 때문이라는 의견을 제시한다. 1930년대 미국의 디플레는 너무나 오래전 일이었고, 1971년 닉슨 쇼크 이후 거의 20년 동안 인플레 압력이 높아졌기에 일본뿐만 아니라 전 세계 중앙은행들이 디플레의 위험에 대해서는 신경 쓰지 않는 분위기였다. 또한 일본 자산가격에 '버블'이 형성되었기에 금리인상을 통해 이를 청산해야 한다는 주장이 제기된 것도 한 요인이었다.

이 대목에서 1929년 미 연준을 지배했던 '청산주의'를 떠올리는 독자가 많으리라 생각된다. 실제로 일본 중앙은행은 이런 생각을 가졌던 것으로 짐작된다. 1990년 주식가격이 반 토막 나고, 1991년을 기점으로 부동산 가격마저 붕괴되는 상황에서 '청산주의'에 경도되지 않고서야 금리 인하를 지연할 이유가 없다.

물론 일본 은행이 금리인상을 지연한 '명분'도 존재했다. 그것은 다름이 아닌 걸프전으로 인한 국제유가 상승이었다. 1990년 8월, 이라크의 쿠웨이트 침공(걸프전)을 계기로 국제유가가 폭등했던 것이다. 국제유가는 걸프전 직전에 배럴당 17달러 선이었는데, 8월 23일 31.78달러까지 치솟았다. 이에 따라 일본 물가도 불안한 모습을 보이기 시작했다. 즉, 주식가격이 폭락하던 1990년 8월 30일, 일본 은행이 정책금리를 무려 6.0%까지 인상한 데에는 나름대로 명분이 있었던 셈이다. 그러나 〈도표 6-7〉에 나타난 것처럼 GDP 갭(Gap)이 1992년부터 마이너스 수준으로 떨어지고, 디플레 압력이 높아질 때 일본의 정책금리가 2.5% 수준을 유지했던 것은 어떻게 보아도 큰 실책이었다.

GDP 갭(Gap)이란 실제 GDP에서 잠재 GDP을 차감한 뒤, 이를 다시 잠재 GDP로 나누어 계산한 값이다. 경제가 과도한 인플레이션 없이 달성할 수 있는 최대 수준(잠재 GDP)과 비교해 어느 정도 과열 또는 침체되어 있는지를 보여주는 지표라고 할 수 있다. 양의 값이면 그만큼 경기가 과열돼 인플레가 발생하고, 음의 값이면 불황으로 디플레 압력이 강해진다. GDP 갭(Gap)을 이해하기 위해, 연간 100만 대의 자동차를 생산할 능력을 갖춘 공장을 생각해보자. 이 공장에서는 1만 명의 근로자가 일을 하는데, 5천 명은 정규직이고 5천 명은 계약직이다. 어느 날 경기 여건이 호전되어 110만 대의 자동차 수요가 발생한다면 어떤 일이 벌어질까? 이 수요가 언제까지 지속될지 예측하기 어려우니, 회사는 고용을 늘리기보다는 기존 근로자들에게 휴일 근무를 시켜 일단 부족한 생산량을 벌충하려 들 것이다. 그러나 휴일 근무를 하게 되면, 당연히 시간당 임금이 상승하게 될 것이고, 5천 명의 계약직 근로자 중 일부는 힘든 노동강도를 이겨내지 못하고 결근하는 일이 잦아질 것이다. 결국 이 회사는 계약직 근로자 일부를 정규직으로 전환하는 한편, 원가 상승 요인을 반영해 제품 가격을 인상할 가능성이 높아진다.

반대로 이 회사가 생산하는 자동차에 대한 수요가 연간 80만 대 수준으로 떨어지면 어떤 일이 벌어질까? 자동차 수요가 줄어든 것에 대응해 계약직 근로자들을 순차적으로 해고하는 한편, 그래도 자동차 재고가 계속 쌓이면 결국 자동차 판매 가격을 인하하게 될 것이다. 이 비유에서 본 것처럼 '생산능력'에 비해 수요가 넘치면(플러스의 GDP Gap) 고용이 늘고 물가가 상승할 것이고, 반대로 수요가 생산능력에 미치지 못할 때(마이너스의 GDP Gap)에는 고용이 줄고 물가가 하락하게 된다.

1991~1992년 일본 정책당국은 경기의 급격한 악화, 더 나아가 GDP 갭(Gap)의 마이너스 전환 가능성을 일축했다. 당시 일본 경제기획청은 "일본 경제가 경기 확장 국면에 있다"고 주장하며 경기부양정책이 필요한 상황이 아니라고 주장했다. 1992년 2월, 경기가 급격히 하강하는 것을 뒤늦게 인정하기는 했지만, 대규모 경기부양정책은 같은 해 8월이 되어서야 내놓았다.

총액 10조 7천억 엔에 달하는 대규모 경기부양정책 시행으로 일본 경제가 회복되기 시작했지만, 신규주택 공급이 계속 증가하면서 주택가격의 추가적인 하락을 유발한 데다, 1997년 소비세를 인상하는 등 재정긴축으로 전환하면서 2012년까지 일본 경제는 이른바 '잃어버린 20년'을 보내야만 했다.

<도표 6-7> 일본의 GDP 갭(Gap)과 소비자물가 상승률 추이

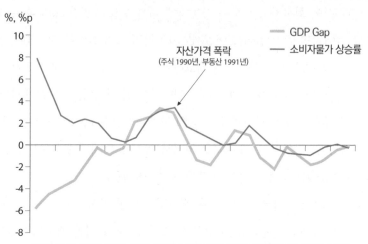

출처: IMF(2018).

GDP 갭(Gap)이 1992년부터 마이너스로 전환하는 등 경제 전반에 강력
한 디플레 충격이 발생했지만, 일본 중앙은행의 금리 정책은 1994년까
지도 '완화'되었다고 보기 어려운 상황이다. 결국 경제 전반에 강력한 디
플레가 출현했고, 여기에 1997년 소비세 인상까지 가세함으로써 일본
경제는 1929년 대공황 이후 선진국 중 처음으로 만성적인 디플레 및 산
업생산 감소라는 수렁에 빠지고 말았다.

참고 자료

IMF, "World Economic Outlook"(2018).

벤 버냉키, 『벤 버냉키, 연방준비제도와 금융위기를 말하다』, 미지북스(2014), 40~41쪽.

홍춘욱, 이운덕, 이길영, 『알고 하자! 돈 되는 주식투자』, 가림M&B(2002), 100~101쪽.

조선비즈, "한은, 'GDP갭률, –1% 육박'"(2017.1.31).

6부로부터 얻은 교훈
버블이 붕괴될 때에는 과하다 싶을 정도로
돈을 풀어야 한다!

6부의 분석을 통해 얻은 교훈은 분명하다. 일단 경기가 디플레의 늪에 빠지게 되면, 그 나라는 매우 긴 시간 동안 어려움을 겪을 가능성이 높다는 점이다. 이를 가장 잘 보여주는 사례가 바로 유럽이다. 2008년 글로벌 금융위기 발생 이후, 유럽 경제는 내내 부진의 늪에서 벗어나지 못하고 있는데, 가장 큰 원인이 바로 유럽중앙은행(ECB)의 실책에 있다.

〈도표 6-8〉에는 2008년 글로벌 금융위기를 전후한 유럽 경제성장률과 정책금리(재할인율)가 표시되어 있는데, 2001년 재할인율이 인상되는 것을 확인할 수 있다. 경제성장률이 2010년부터 다시 플러스로 돌아섰고, 중동을 휩쓴 민주화 시위 영향으로 석유가격이 상승한 것은 분명한 사실이다. 그러나 당시 유럽 경제의 내부 여건은 아직 '정상'이라 말하기 힘들었다. 무엇보다 남유럽 국가들이 부동산가격 폭락으로 대출이 부실화되고, 이 영향으로 은행의 건전성이 악화되는 악순환에 빠져 있었다. 은행의 건전성은 흔히 국제결제은행(BIS) 자기자본비율로 측정되는데, 이는 대출 등 위험한 자산과 자기자본의 비율을 측정하는 것이다. 예를 들

어 8조 원의 자기자본을 가진 은행은 최대 100조 원까지 대출을 해줄 수 있다고 볼 수 있다(물론 기업 대출이냐 부동산 담보대출 혹은 국채 등의 채권이냐에 따라 '위험 가중치'가 달라진다).

만일 BIS 기준 자기자본비율이 적정 수준(대부분의 은행은 8%)을 밑돌게 되면, 금융 당국이 이 은행에게 '적기시정조치'를 요구하게 된다. 적기시정조치란, 말 그대로 부실 징후를 보이는 금융회사에 대하여 건전성을 개선하기 위해 '즉각적인 시정'을 요구하는 조치이다. 적기시정조치를 적용받는 과정에서 은행은 직원을 해고하고 증자 등을 통해 자기자본을 늘리며, 보유한 자산을 매각하는 등 가혹한 구조조정을 추진한다. 따라서 은행들 입장에서는 자신의 대출이 부실화되며 BIS 기준 자기자본비율이 8%를 밑돌 가능성이 높아질 때, 다른 경쟁 은행보다 빨리 부실 가능성이 높은 대출을 회수하려는 동기를 지니게 된다.

이런 경제 여건에서, 중앙은행은 어떻게 처신해야 할까?

부동산시장이 회복되고, 나아가 금융기관이 다시 건전해질 때까지 인내심을 가지고 저금리 정책을 유지하는 게 정답일 것이다. 또 미국에서 그랬듯, 양적완화 정책을 시행해 '과하다'는 생각이 들 정도로 돈을 쏟아내는 것도 방법일 것이다. 그러나 당시 유럽 중앙은행은 정반대로 했다. 인플레 압력이 높아지고 있다는 핑계로 금리를 두 차례나 인상했다. 그로 인해 벌어진 일은 다들 아는 바와 같다. 2010년 그리스에 이어, 2011년에는 유로존(유로화를 사용하는 19개 나라) 제 3위와 4위 경제 국가인 이탈리아와 스페인마저 빚을 갚지 못해 구제금융을 받는 신세가 되었다. 특히 2015년 여름에는 그리스 유로존 이탈 국민투표 사건까지 이어지며 유럽 경제는 기나긴 침체를 겪어야 했다.

다행히 2011년 11월부터 유럽중앙은행 총재 자리를 지키고 있는 마리

⟨도표 6-8⟩ 2008년을 전후한 유럽 경제성장률(초록선)과 정책금리(황금선) 추이

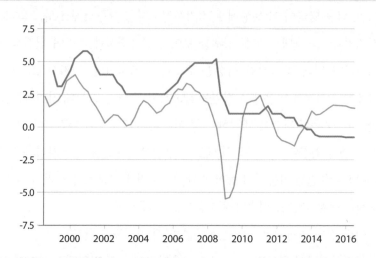

출처: 미국 세인트루이스 연방준비은행(https://fred.stlouisfed.org/graph/?g=mStA).

경제가 급격히 하강할 때 단호하게 대처하지 못하면 어떤 일이 벌어지는지 잘 보여주는 사례가 바로 유럽이다. 경제가 회복될 것을 낙관했던 일본은행이 2007년 금리인상을 단행한 다음 경제가 망가졌던 것처럼, 유럽 경제는 2011년 두 차례의 금리인상 이후 저성장의 수렁에 빠져들고 말았다.

오 드라기(Mario Draghi)가 금리를 인하하고, 나아가 대규모 양적완화를 단행함으로써 급박한 위기를 벗어나긴 했지만 현재까지도 유럽 경제는 다른 선진국에 비해 성장 탄력이 낮다. 물론 2011년 봄에 단행된 두 차례의 금리인상이 이 모든 문제를 유발한 '단일' 원인은 아닐 것이다. 유로화 시스템 자체가 가지고 있는 한계, 그리고 1923년 하이퍼 인플레의 트라우마에서 벗어나지 못한 독일의 인플레에 대한 혐오 등이 복합적으로 영향을 미쳤다. 그러나 중앙은행만이라도 남유럽 국가의 금융시스템이 건전해질 때까지 금리인상을 미뤘다면, 지금 유럽 경제는 훨씬 나은 모습을 보이고 있을 것이라 생각된다.

참고 자료

다니엘 D. 엑케르트, 『화폐 트라우마』, 위츠(2012), 242쪽.
홍춘욱, 『환율의 미래』, 에이지21(2016), 66~68쪽.
조선일보, "적기시정조치란 무엇이고 어떤 영향을 받나요"(2011.4.8).
중앙일보, "드라기 총재 후임은 누구?…ECB 조직 차기 인사 주목"(2018.10.31).

7부

1997년
우리나라는 왜?

The History of Money

1장
지난 50년 동안 우리나라는 어떤 성취를 기록했나?

세계의 소득 수준은 매우 불평등하다. 산업화에 성공한 일부 국가의 소득은 매우 높고 또 끝없이 늘어나지만, 산업화에 실패하거나 시도조차 못 한 나라들은 고대나 중세 시대 사람들보다 더 가난하게 살고 있다.

〈도표 7-1〉을 보면, 우리나라는 1인당 소득이 1960년에는 100달러 수준에 불과했지만 2018년 3만 달러까지 상승한 것을 발견할 수 있다. 이 속도대로 성장한다면, 수년 내에 일본보다 더 부유해질 가능성이 높다. 이 대목에서 한 가지 첨언하자면, 1945년 이후 독립한 국가들 중 1인당 국민소득 '1만 4천 달러의 장벽'을 돌파한 나라는 (일부 산유국과 도시국가를 제외하면) 우리나라와 타이완 두 나라에 불과하다.

어떤 나라가 일정 수준의 소득(예를 들어 1만 4천 달러)을 넘어서지 못하고, 성장 탄력이 정체되거나 심지어 경제규모가 줄어드는 것을 보고 '중진국 함정에 빠졌다'고 이야기한다. 중진국 함정이란, 신흥 국가가 처음에는 가파른 성장세를 보이다 점점 성장 탄력이 둔화되는 현상을 지칭하는데, 최근 중국이 중진국 함정에 빠질 가능성에 대해 논란이 불거지고 있다.

<도표 7-1> 1960년 이후 우리나라, 일본, 미국의 1인당 국민소득

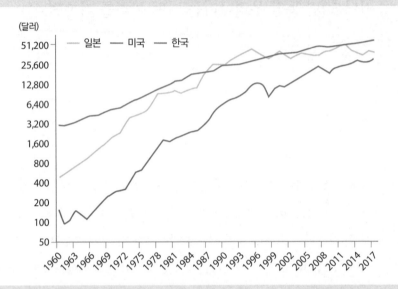

출처: 세계은행.

미국 달러화(당시 환율로 계산)로 계산된 미국, 일본, 우리나라의 1인당 국민소득 흐름을 보여준다. 1960년대 초반 우리나라의 1인당 국민소득은 100달러에 불과했지만, 2018년에는 3만 달러까지 수직 상승했다. 대부분의 독립국가들이 빈곤의 악순환에서 벗어나지 못한 상황에서, 우리나라와 타이완이 거의 유일한 성공 사례다.

많은 나라가 중진국 함정에 빠지는 건 '성장의 방식'이 변화되는 데 적응하지 못하기 때문이다. 경제성장의 초기에 신흥국은 풍부한 노동력과 낮은 임금, 그리고 값싼 땅값을 이용해 외국인의 직접투자를 손쉽게 유치할 수 있다. 실업자들이 워낙 많았기에, 외국인 투자가 늘어나는 순간 고용이 늘어나며 경제 전체에 활기가 돈다.

그러나 10년 혹은 20년에 걸쳐 가파른 경제성장을 기록하다 보면, 임금과 토지가격이 상승하기 마련이며 이 과정에서 외국인 직접투자자금의 유입이 중단될 가능성이 높아진다. 심지어 투자되어 있던 외국인 투자자금이 해외로 유출되는 일마저 발생할 수 있다. 물론 경제성장 과정에서 기술을 충분히 습득했다면 '품질 경쟁'을 해볼 수도 있지만, 신흥국의 기업들은 아직 브랜드를 갖추지 못한 데다 새로운 환경에 대한 적응력도 부족한 경우가 많아 이에 성공한 사례는 우리나라와 타이완 등 극히 일부에 불과한 것이다.

왜 이렇게 많은 나라가 빈곤의 악순환에서 벗어나지 못할까? 19세기 초 영국이 산업혁명을 시작한 이래 200년이 지나, 오늘날 경제성장의 비밀이 밝혀졌는데도 왜 다른 나라들은 이를 따르지 못하는 걸까? 수많은 학자가 이 문제에 대해 고민했는데, 대체로 다음 세 가지를 저개발 국가의 산업화를 가로막는 요인으로 지목했다.

첫 번째 요인은 개발도상국의 '낮은 임금'이다. 앞서 3부에서 살펴봤듯이, 영국에서 산업혁명이 시작된 가장 큰 이유는 높은 임금으로 인해 노동력을 절감하는 기술이 필요한 데 있었다. 반면 인도나 중국 그리고 조선처럼, 토지에 비해 인구가 많아 임금이 생존을 간신히 유지하는 수준으로 떨어진 나라는 산업혁명을 일으킬 '동기' 및 '자본'이 존재할 수 없다. 이 문제는 지금까지도 개발도상국을 괴롭히고 있다. 선진국에서 노동력을 절약할 수 있는 기술을 개발했지만, 그 기술을 적용하기 위해는 값비싼 기계를 구입해야 한다면? 개발도상국으로서는 노동이 풍부하고 자본이 희소하므로 이런 기술을 도입할 이유가 전혀 없다.

이렇게 낮은 수준을 유지하는 임금은 하나의 악순환을 초래한다. 극단적인 불평등이 혁신의 동력을 앗아가기 때문이다. 소수의 지주가 대부분의 토지를 지배하고, 이들이 현재 상황에 만족한다면 그 사회에는 기술의 혁신이 존재할 수 없다. 토지에 비해 노동력이 넘치기 때문에 지주들은 새롭게 토지를 공급받더라도 얼마든지 소작을 줄 수 있다. 지주들은 (공급이 상대적으로 제약된) 토지를 장악하고 있기에, 임대료를 매우 높은 수준으로 유지할 수 있다. 실제로 일제 강점기 때 조선의 소작료는 병작반수(竝作半收, 수확량의 절반)였다. 종자 값이나 농기구 등 농사를 짓는 데 투입되는 비용을 감안하면, 소작인은 생산량의 30% 미만의 소득을 거둘 수 있을 뿐이었다.

지주들은 높은 이자로 돈을 빌려주는 고리대금업도 겸하는 경우가 많다. 높은 지대와 비싼 이자, 그리고 소작 기간 연장을 보장받지 못하는 임차인들은 소출(所出)을 늘리기 위해 관개시설을 만들거나 비료를 사는 등의 투자를 할 수 없다. 반면 지주들은 생산성 향상을 위해 투자할 능력이 있긴 하지만, 높은 지대를 요구하고 대출자가 빚을 갚지 못하면 담보로 잡은 땅을 취해 보유 토지를 늘리는 고리대금업으로 충분히 많은 돈을 벌 수 있기에 굳이 생산량을 늘리는 '자본 투자'에 열의를 보일 이유가 없다.

생존 수준의 소득과 지주의 고리대금업이 결합되면 사회 전반의 교육수준이 떨어지게 마련이다. 그래서 인구의 대부분이 문맹인 나라도 많다. 참고로 우리나라 역시 해방 직전인 1944년 일제가 시행한 인구센서스에서 15세 이상 인구 중 무학력자의 비중이 남자 80%, 여자 94%에 달했다. 무학력자의 비중이 높았던 건 일제가 조선인을 교육시키는 데 열의를 가지지 않았을 뿐만 아니라, 자녀를 교육시킬 여력을 지닌 사람이 지주뿐이었기 때문이다.

교육 수준이 낮고 문맹인 경우 선진국에서 새롭게 도입되는 정보 통신 및 유전 공학 기술을 배워 활용하기는 당연히 어렵다. 지주의 자녀들은 선진국에서 수입된 기술을 습득해 사업을 시작할 능력이 있었지만, (울산 김씨 등 극히 일부를 제외한) 대다수의 지주들은 신기술 유입이 가져올 변화에 저항하는 쪽에 서 있었다.

다음 장에서 1945년 이후 어떻게 이 고난을 풀어갔는지 살펴보자.

참고 자료

한국은행, "2018년 4/4분기 및 연간 국내총생산(속보)"(2019.1.22).

배리 아이켄그린, 드와이트 퍼킨스, 신관호, 『기적에서 성숙으로』, 서울셀렉션 (2014), 4~5쪽.

Robert C. Allen, "The British Industrial Revolution in Global Perspective: How Commerce CreatedThe Industrial Revolution and Modern Economic Growth"(2006).

로버트 C. 앨런, 『세계 경제사』, 교유서가(2017), 56쪽.

차명수, 『기아와 기적의 기원』, 해남(2014), 15~17, 235쪽.

그렉 브라진스키, 『대한민국 만들기 1945~1987』, 책과함께(2011), 45쪽.

2장

토지개혁, 번영의 초석을 놓다!

　낮은 임금과 극단적으로 불평등한 토지 소유 분포, 그리고 저학력이라는 삼중고에 시달리던 우리나라는 어떻게 산업화를 달성할 수 있었을까?

　미 군정이 추진한 두 가지 핵심 정책, 강력한 통치기구 조직과 점진적인 토지개혁에 주목할 필요가 있다. 1945년 8월 말, 미군이 한반도 남쪽에 들어섰을 때, 이미 토지 소유 집중은 심각한 수준이었다. 일제 강점기 동안 일본에서 온 지주와 토착 대지주들이 대규모 토지를 소유한 반면, 토지를 잃은 농민들은 농촌을 떠나 산업 노동자로 전락했다. 문제는 일제 패망으로 원료 공급이 끊기며 제조업 생산이 중단됨에 따라, 도시의 산업 노동자들이 다시 농촌으로 복귀한 것이다. 이에 따라 대지주들은 전통적인 토지 집중적인 농업, 즉 소작 제도를 시행했고, 그로 인해 전체적으로 농업 생산량이 감소하고, 경제는 침체되었다.

　이러한 상황에서 모든 국민의 관심사는 토지 분배에 집중되었다. 미 군정은 이 부분에서 큰 공을 세웠다. 그들은 1946년 소작인이 토지 경작

1950년 3월에 개정되어 공포된 농지개혁법안. 1948년 대한민국정부가 수립되면서 농민들의 가장 큰 관심사는 농지개혁이었다. 이에 정부는 1949년에 농지개혁법을 제정했으며, 1950년 3월에 농지개혁법 개정안 및 동법 시행령을 공포해 법적·제도적 기반을 했으며, 같은 해 5월에 농지개혁법이 실시되었다.

대가로 지주에게 지불해야 할 소작료를 그해 생산량의 1/3 수준으로 낮추는 한편, 조선 총독부가 보유하고 있던 대규모 토지를 농민에게 팔아 넘겼다. 특히 미 군정은 조선총독부뿐만 아니라 일본인 지주들이 보유하던 약 2,780제곱킬로미터의 토지를 인수했는데, 1948년 초에 이 토지를 농민에게 매각함으로써 59만 7,974가구, 즉 농업 인구의 24.1%에 해당하는 농민이 새롭게 토지를 소유하게 되었다.

당시 미 군정이 불완전하나마 '토지개혁'을 실시했던 이유는 공산화의 위험을 퇴치하기 위함이었다. 당시 토지개혁을 주도했던 울프 라데진스키((Wolf Ladejinsky)는 다음과 같이 당시의 일을 회고한다.

"나는 1921년 초에 러시아를 떠나기 전에 얻은 교훈 덕분에 이 일(=토지개혁)을 하게 되었습니다. 농민들에게 토지를 돌려줌으로써 단호하게 토지 문제를 해결했다면, 공산주의자들이 절대 권력을 잡지 못했을 것이라는 교훈 말입니다."

1952년 아이젠하워가 대통령에 당선된 다음, 극단적인 반공주의자들이 세력을 얻으면서 울프 라데진스키를 비롯한 토지개혁론자들은 설 자리를 잃어버리게 되었지만, 우리나라는 운 좋게 한국전쟁 직전에 토지개혁이 완료되어 공산화의 위험에서 벗어날 수 있었다. 참고로 1950년 3월 이승만 정부가 통과시킨 토지개혁법은 '소유주가 직접 경작하지 않는 모든 토지와 3만 제곱미터(약 9,180평)가 넘는 모든 토지'를 재분배 대상으로 규정했다. 이 법안에 따라 정부로부터 토지를 구입한 농민이 지불해야 할 금액은 해당 토지에서 산출된 연간 생산량의 150%로 결정되었다. 그리고 정부가 지주들로부터 토지를 인수하면서 지급한 대금의 상당 부분이 미국의 원조로 충당되었다.

이 대목에서 잠깐, 토지개혁의 중요성을 강조하는 이유를 살펴보자.

토지개혁이 가져온 첫 번째 변화는 바로 '경제 성장'이었다. 지주들은 '고리대금업'만으로도 충분히 소득을 얻고 있었기에, 기술 투자에 열의가 없었다. 반면 소작농들은 관개시설에 투자할 여력이 없거니와, 소작 '계약 연장'에 대한 불안감으로 비료를 구입할 수도 없는 상황이었다. 따라서 토지개혁 이전에 우리나라는 인구의 90%가 농업에 종사하는 전형적인 '농업국가'였음에도 식량 자급조차 이뤄지지 못했다. 식량 자급이 이뤄지지 못하니, 미국의 원조가 없을 때에는 대규모 무역수지 적자를 기록할 수밖에 없는 상황이었다. 그러다 토지개혁이 이뤄지며 농업생산성이 극적으로 향상된 것이다.

〈도표 7-2〉는 1954년 이후의 농림어업 성장률과 경제성장률의 관계

를 보여주는데, 1954~1963년 연평균 농림어업 성장률이 5.1%에 이르러 같은 기간 경제성장률(6.0%)에 근접한 것을 발견할 수 있다. 그리고 1953년 전체 국내총생산에서 농림어업이 차지하는 비중이 48%였다는 점을 감안할 때, 경제성장의 상당 부분이 농업 생산성의 향상에서 비롯되었음을 알 수 있다. 1963년부터 우리나라 경제가 수출 중심의 공업화에 힘입어 고성장한 것은 분명한 사실이지만, 농업 주도의 경제 성장이 '토대'가 되었음을 잊어서는 안 될 것이다.

토지개혁 이후 농업생산성이 극적으로 개선된 이유는 '동기 유발'에 있다. 아무리 농사를 지어봐야 대부분의 수확물을 지주에게 빼앗기는 상황에서 수확량을 늘리려는 동기가 생기기는 어렵다. 그런데 당시 5인 혹은 6인 이상으로 이뤄진 가족들은 십수 마지기의 토지를 일구는 데 최적화되어 있었다. 노동력이 넘쳐 흐르는 개발 초기 단계의 개발도상국에게 중요한 것은 '효율'이 아니다. 어떻게든 남아도는 노동력을 활용해 최대한 생산을 짜내는 것이다. 1인당 수확량이 형편없다 하더라도, 노동력을 최대한 활용하는 게 더 낫다는 말이다.

물론 우리나라만 토지개혁의 성취를 이룬 것은 아니다. 타이완도 1949년 토지개혁 이후 10년 만에 식량 생산량이 75%나 늘어났다. 그리고 이와 같은 생산성 향상은 곧 농가 소득 증가로 연결되었고, 이는 경제 전체의 무역불균형을 시정하는 데 큰 기여를 했다. 어쨌든 우리나라는 소득 증가에 힘입어 자녀를 교육시킬 여유를 가지게 되어, 1944년 말 조선의 15세 이상 인구 중 무학력자 비중이 남자의 경우 80%, 여자의 경우 94%였던 것이 1955년에는 남성 50%, 여성 80%로 줄어들었다.

이후 선순환이 이어졌다. 농업 생산성이 높아짐에 따라, 농촌의 여유 노동력이 도시로 이동할 수 있게 되었고, 기업들은 이들을 고용해 내수

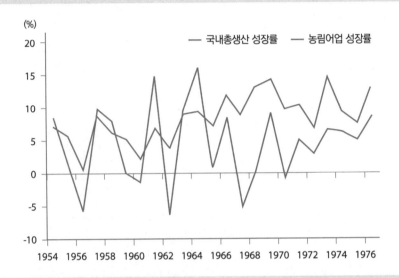

〈도표 7-2〉 1954년 이후 국내총생산과 농림어업 성장률

출처: 한국은행 경제통계정보시스템.

1950년대 우리나라 농림어업은 경제 성장을 주도했다. 기후 조건에 민감하게 반응하는 산업의 특성 때문에 1956년과 1962년에 마이너스 성장을 기록하기는 했지만, 1954~1963년 연평균 농림어업 성장률이 5.1%에 이르러 같은 기간 경제성장률(6.0%)에 근접했다.

시장에서 물건을 팔 기회를 잡을 수 있게 되었다. 그러나 본격적인 경제성장을 위해서는 한 가지 조건이 더 만족되어야 했다. 그것은 제조업의 적극적인 육성이었다. 이 부분에 대해 다음 장에서 보다 자세히 살펴보자.

참고 자료

그렉 브라진스키, 『대한민국 만들기 1945~1987』, 책과함께(2011), 44~46, 50쪽.
조 스터드웰, 『아시아의 힘』, 프롬북스(2016), 39~40, 44~45, 125~127쪽.
차명수, 『기아와 기적의 기원』, 해남(2014), 15~17, 232~233쪽.

3장

우리나라는 어떻게 수출 제조업을 육성했을까?

1950년대 중반 농업을 중심으로 폭발적인 경제 성장이 시작된 이후, 우리나라 정부는 제조업 육성이라는 과제를 가지게 되었다. 농업 부문에서 시작된 경제 성장은 10여 년이 지나면 벽에 부딪히는 경향이 있기 때문이다. 이런 현상이 나타나는 건 '수확체감' 현상 때문이다. 이에 대해서는 앞서 3부 2장에서 산업혁명을 주제로 이야기하며 다뤘으니, 여기서는 추가적인 설명을 생략한다.

농업 생산의 증가가 '한계'에 부딪힐 때, 추가적인 성장을 유발할 수 있는 돌파구가 바로 제조업이다. 우리나라에서 생산된 농산물은 당시 3천만 인구를 먹여 살리는 데 도움이 되긴 하지만, 이를 수출 전략 산업으로 육성하기는 어려웠다. 해외 여행을 다녀온 사람들이 한결같이 지적하듯, 우리나라 농산물 가격은 선진국에 비해 비싼 편이기 때문이다. 결국 제조업을 육성해야 하는데, 여기에는 많은 걸림돌이 존재한다. 무엇보다 많은 자본이 투입되어야 하는 데다, 사업이 성과를 내는 데 상당한 시간이 걸리기 때문이다.

이를 잘 보여주는 사례가 학습곡선이다. 학습곡선(Learning Curve)이란, 생산량이 늘어날수록 단위 제품당 생산 단가가 떨어지는 현상을 말한다. 생산성이란 시간이 쌓이고 팀웍이 맞으면서 늘어난다. 그러기 위해 생산량이 늘어나야 한다는 것이다. 이런 학습곡선을 이해하는 데, 항공우주산업의 No.2 기업인 록히드(Lockheed Corporation)의 사례는 상당한 도움을 준다. 1971년 여름, 록히드는 항공 수요 증가로 인해 대량 주문이 늘자, 한 번에 260~400명의 승객을 실어 나를 수 있는 혁신적인 항공기, 트라이스타를 만들 프로젝트에 착수했다. 록히드는 이 신형 항공기를 생산할 공장을 짓기 위해 자금을 조달하고, 미국 정부에 대출 지급보증을 요청했다.

그런데 공장이 채 지어지기도 전인 1973년, 미국 공군의 라이트 준장이 록히드의 신형 항공기 개발 계획이 채산성이 없다는 비관적인 전망을 내놓았다. 라이트 준장은 그동안의 전투기 생산 경험을 바탕으로, 비행기를 더 많이 생산할수록 1대를 조립하는 데 드는 시간이 줄어든다는 사실을 알아냈다. 그뿐만 아니라 비행기 1대를 조립하는 데 드는 비용도 약 20%가 감소한다는 것을 밝혀냈다. 만약 비행기를 4대 만들 경우, 1대당 평균 비용이 100만 달러가 든다면, 8대를 만들 때는 단위당 비용이 80만 달러, 16대의 경우 64만 달러로 줄어들었다. 즉, 노동자들은 작업 과정을 통해 일을 좀 더 효율적으로 할 수 있게 되고 이로 인해 비용은 갈수록 줄어드는 것이다. 라이트 준장의 예측을 바탕으로 트라이스타의 평균 생산비용을 계산하면, 록히드는 약 11년 후 1,024번째 항공기를 생산할 때에야 비로소 투자의 결실을 맺게 된다는 결론이 난다.

라이트 준장의 예측은 맞아떨어졌다. 록히드는 1970년대 내내 경영 위기에 시달리다 1980년대 초 레이건 대통령이 국방비를 대대적으로 늘

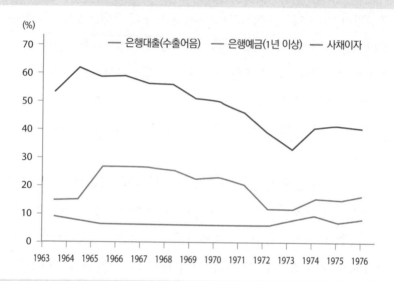

〈도표 7-3〉 1963~1976년 우리나라 주요 이자율 추이

출처: 김두얼 등(2017), "우리나라의 경제 위기와 극복".

17세기 잉글랜드 사례에서 확인했듯, 차주(借主)에 대한 신뢰가 없고 자금 부족에 시달리는 나라는 금리가 높은 수준을 유지할 수밖에 없다. 따라서 1960년대 우리나라 사채이자는 60% 수준에 이르렀다. 반면 정부가 수출 기업에게 제공하는 대출이자는 6% 내외에 불과했기에, 수출을 할 수만 있다면 그 기업의 사주에게 어마어마한 이자차익이 떨어질 수 있었다.

리는 데 힘입어 간신히 파산 위기를 모면할 수 있었다.

이상의 사례에서 보듯, 공장을 차리더라도 언제 이익을 낼 수 있을지 확신할 수 없었다. 이러다 보니 군사정변으로 권력을 잡은 박정희 정부가 제조업을 육성하겠다고 선언했지만, 제조업을 하겠다고 나서는 기업가들은 많지 않았다. 이때 우리나라 정부는 아주 효과적인 전략, 즉 '채찍과 당근'을 함께 사용했다. 먼저, 기업가들이 달려들지 않을 수 없는 매혹적인 당근으로 '저금리'를 제시했다. 〈도표 7-3〉은 1960년대 우리나라의 금리 수준을 보여주는데, 사채금리가 높을 때는 60%, 낮아도 40% 수준이었음을 알 수 있다. 농촌에서 잉여생산물이 생겼다고 해서, 이게 다 저축으로 연결되지는 않았기에 당시 우리나라 경제는 항상 자금 부족에 시달렸다. 이런 상황에서 은행이 수출 기업들에게 제공하는 대출금리를 1966년부터 1972년까지 6%로, 이후 인상되었어도 1976년까지 8% 수준을 유지한 것이다.

이는 수출 실적을 내기만 하면, 시장금리보다 50%포인트 이상 낮은 저금리로 자금을 장기간 대출해준다는 약속이나 다름없었다. 물론 겉으로 수출용 공장을 만들겠다고 약속하고, 저금리를 이용해 지대를 추구하는 기업인들도 있었다. 실제 1972년 8.3조치(경제 내에 존재하는 사채에 대한 원금 및 이자에 대한 지급을 동결하는 긴급재정명령) 때, 사채 전주(錢主)의 30% 이상이 기업의 주주나 중역 등인 것으로 나타났다. 수출 기업이라며 은행에서 대출을 받아 이를 다시 다른 기업에 대출해주어 엄청난 차익을 거두는 일이 비일비재했던 것이다.

그러나 당시 우리 정부는 이 기업이 수출만 제대로 한다면 문제 삼지 않았다. 반면 이들 기업이 수출 실적을 내지 못한다 싶을 때는 강력한 철퇴를 가했다. 이 대목에서 '철퇴'라는 표현을 사용한 건 공장 건설 이후 수출 실적이 나오지 않고 원하는 기준에 미달한다고 판단될 때, 성공적인 기업에 강제로 합병시키거나 국영 금융시스템을 통해 자금을 회수하는 것은 물론 심지어 파산이라는 궁극적인 제재를 가했기 때문이다. 가장 대표적인 조치가 1970년대 후반부터 시작된 '중화학공업 합리화' 조치다. 물론 이런 일은 우리 정부만 한 것은 아니다. 일본은 일찍이 1930년대 독일의 관행을 연구한 후 합병을 통해 여러 제조업 부문을 '합리화'했으며, 2차 대전 이후에는 이를 더욱 가속화했다.

박정희 정부가 야심차게 추진했던 '수출 주도의 경제성장' 전략이 성공할 수 있었던 또 다른 요인은 운에 있다. 1960년대부터 시작된 베트남 전쟁과 물류혁명이 우리나라 등 동아시아 공업국에게 거대한 시장을 열어주었기 때문이다. 다음 장에서 이 부분을 보다 자세히 살펴보자.

참고 자료

조 스터드웰, 『아시아의 힘』, 프롬북스(2016), 135~136쪽.

이리야마 아키에, 『세계의 경영학자는 지금 무엇을 생각하는가』, 에이지21(2013), 82쪽.

중앙일보, "개도국서 높다는 엥겔지수의 역습···도대체 우리나라가 왜?" (2019.2.4).

김두얼 등, 『한국의 경제 위기와 극복』, 대한민국역사박물관(2017), 58~62쪽.

김두얼, 『한국경제사의 재해석』, 해남(2017), 110~111쪽.

4장

미국에서 만드는 것보다
우리나라에서 생산하는 게 더 싸다고?

한 가지 흥미로운 이야기를 소개할까 한다. 최근에 흥미롭게 읽은 칼럼 〈철도운송과 해상수송의 단가 비교〉에 따르면, 미국 서쪽 끝에 자리 잡은 로스앤젤레스에서 테네시 주 멤피스까지 물건을 운송할 때 해운을 이용하면 철도보다 컨테이너 하나당 약 2천 달러나 싸다고 한다.

미국 서부 캘리포니아에서 동남부에 위치한 멤피스까지 배로 가려면 파나마 운하를 거쳐 미시시피 강 하구인 뉴올리언스에 도달한 후, 다시 미시시피 강을 따라 올라가야 하는데, 이 거리가 총 약 4,800마일이나 된다. 반면 철도를 이용하면 약 2천 마일 정도만 운송하면 되니, 거리 면에서 해상 운송이 거의 2배 이상 더 걸리는 셈이다. 그런데도 해운이 훨씬 싸다니! 어떻게 이런 일이 가능할까?

해상 운송 분야에 혁신이 지속되었기 때문이다. 파나마 운하를 통과하는 컨테이너선(New Panamax급)을 빌려 장거리 운송하는 경우 1 마일당 약 0.80달러의 비용이 드는 반면, 철도 수송은 1마일당 약 2.75달러의 비용이 든다. 물론 지난 2008년 글로벌 금융위기 이후, 해상 운임비가 크게 떨어진 것도 감안해야겠지만 해상 운임비가 웬만큼 오르지 않고서는 해상 수송의 경쟁력 우위가 사라지지 않을 것이라 생각된다.

이런 엄청난 비용 격차가 발생하는 이유는 1960년대 초반에 나타난 '컨테이너선' 운송 시스템에 있다. 1960년대 초반, 미군이 베트남전쟁 초기에 우위를 차지하지 못하고 '장기전'의 수렁에 빠져든 건 보급 차질 때문이었다. 당시 남베트남은 현대식 군대를 지원하기에 이보다 적합하지 않은 곳도 드물다는 한탄이 나올 정도로 여건이 열악했다. 베트남은 국토의 남북 길이가 약 1,100킬로미터가 넘는데, 수심이 충분히 깊은 항구는 단 한 곳밖에 없었고, 단선 철도 하나만이 운영되고 있었기 때문이다.

게다가 미군이 이용할 수 있는 사실상 유일한 항구, 사이공(현재의 호치민)도 메콩강 하류 삼각주에 자리 잡고 있어 전쟁터와 멀었을 뿐만 아니라, 항만 시설은 포화 상태에 있었다. 따라서 바지선이 먼 바다에 정박한 화물선으로 이동해 탄약을 받아 다시 항구로 돌아와야 했는데, 이 기간이 짧게는 10일에서 길게는 30일까지 걸렸다.

사태가 이 지경에 이르자, 미국 정부도 해결책을 고안하지 않을 수 없었다. 이때 미군의 한 연구팀이 운송 과정의 근본적인 개편을 건의하는 보고서를 제출했다. 이 보고서의 첫 번째 사항이 모든 화물의 '포장 방식 통일', 즉 철제 컨테이너였다. 컨테이너는 규격이 통일되어 있을 뿐만 아니라, 배에 싣고 내리는 데 걸리는 시간을 비약적으로 줄일 수 있었다. 이 제안은 당시 태동기에 있던 컨테이너 산업에 일대 '전환점'을 제공했다.

1966년 1월, 호놀룰루에서 열린 최고위급 회의에서 합동참모본부는 "민간기업과 계약을 맺어 항구의 제반 시설 운영 등 해당 기업이 충실하게 수행할 수 있는 업무를 맡기기로 한다"는 새로운 정책을 발표했다. 이 결정이 실행에 옮겨지기까지는 많은 시간이 걸렸다. 사이공 항의 하역 노동자들이 파업을 일으키며 '컨테이너 부두' 건설을 강력히 반대하고 나선 데다, 미군이 이 어려운 과제를 어떤 업체에게 맡겨야 할지 판단을 내리지 못했기 때문이다.

하지만 일단 컨테이너 항구가 만들어지자, 이후의 일은 일사천리였다. 사이공 항 대신 깜라인(Cam Ranh) 만에 건설된 컨테이너 항구로 2주에 한 번씩 거대한 컨테이너선이 600개가량의 컨테이너를 실어 날랐고, 이로 인해 베트남에 파견된 미군의 보급 문제는 해결되었다. 당시 미군 해양 수송지원단 사령관은 "7척의 컨테이너선이 기존의 벌크선 20척 몫을 해냈다."고 평가했다.

이 사건으로 동아시아 국가도 일대 전기를 마련했다. 베트남 깜라인 만으로 수송을 마치고 미국으로 돌아가던 빈 컨테이너선들이 때마침 건설된 일본 고베항에서 전자제품을 가득 싣고 가며 미국에 '메이드 인 재팬' 붐을 일으켰기 때문이다. 즉, 베트남전쟁으로 인한 전쟁 경기에 운송 비용의 극적인 절감까지 더해지면서 일본, 우리나라, 타이완은 기적 같은 성장의 기회를 잡을 수 있었다.

미국에서 물건을 만드는 것보다 동아시아에서 저렴한 노동력을 이용해 만들어진 제품을 수입하는 게 훨씬 수지타산이 맞는, 새로운 세상이 열렸던 것이다. 물론 저렴한 값에 질 좋은 물건을 사용할 수 있게 된 미국 등 선진국 소비자들이 가장 크게 수혜를 입었지만, 동아시아 세 나라 모두 제조업을 육성해 산업국가로 성장할 수 있는 발판을 갖게 되었다.

〈도표 7-4〉는 1960년대 초반 이후, 우리나라가 얼마나 비약적인 성장세를 보였는지 확인시켜 준다. 우리나라의 수출은 1963년부터 1972년까지 연평균 38.2% 늘었고, 같은 기간 제조업의 비중은 13.4%에서 20.0%로 수직 상승했다.

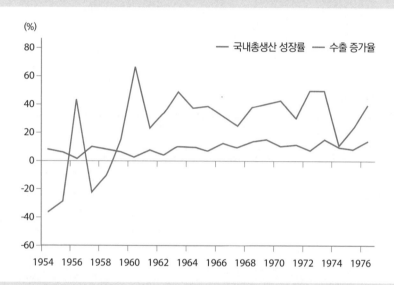

출처: 한국은행 경제통계정보시스템(ECOS).

1950년대는 농림어업이, 1960년대는 수출이 우리나라 경제 성장을 주
도했음을 한눈에 알 수 있다. 우리나라 수출은 1963년부터 1972년까지
연평균 38.2% 늘어났고, 같은 기간 제조업의 비중은 13.4%에서 20.0%
로 수직 상승했다.

참고 자료

The Maritime Executive, "Comparing Maritime Versus Railway Transportation
   Costs" (2017.12.25).
마크 레빈슨, 『더 박스』, 청림출판(2017), 314, 316, 323~324쪽.

5장
우리나라는 왜 외환위기의 수렁에 빠졌나?

얼마 전 재미있는 영화 한 편을 봤다. 1997년 우리나라 외환위기가 어떻게 해서 벌어졌는지를 다룬 영화 〈국가부도의 날〉이다. 그러나 이코노미스트 입장에서 대부분의 내용에 동의할 수 없어 조금은 안타까웠다. 1997년 외환위기가 왜 발생했을까? 필자는 고정환율제도를 유지하면서 금융자유화를 추진한 우리 정부에 가장 큰 책임이 있다고 본다.

1990년대 우리나라처럼 외국과 활발하게 무역을 하고 자본이 자유롭게 오가는데도 노동력 이동에 제약을 가하는 작은 나라를 생각해보자. 어느 날 이 나라의 주력 수출제품(예를 들어, 반도체) 가격이 갑자기 폭락해 수출이 급격히 줄어들면 어떤 일이 벌어질까? 제일 먼저 고용과 국내총생산이 감소할 것이며, 수출 감소 영향으로 대규모 경상수지 적자가 발생하는 것은 물론 충격에 대응해 중앙은행이 금리를 인하하며 이 나라에 투자했던 돈들이 해외로 대거 유출될 것이다.

경상수지 및 자본수지가 함께 악화되니 외환 공급이 크게 줄어들 것이며, 달러에 대한 자국 통화의 환율은 상승할 것이다(자국 통화 가치 하락).

1998년 1월 6일 금 모으기 운동 현장. 1997년 외환위기가 발생하자 국민들이 나라 빚을 갚기 위해 자발적으로 보유하고 있던 금을 내놓았다. 당시 모인 금은 약 227톤으로 약 21억 3천 달러어치였다.

불행하게도 이 나라가 고정환율제도를 채택하고 있다면, 이 나라의 통화 당국은 보유하고 있는 외환을 시장에 내다 팔고 자국의 통화를 거두어 들여야 한다. 그 결과 통화공급이 감소하면 총수요가 더 감소하므로 생산량이 줄어들고 실업이 늘어난다. 다행히 '불황으로' 경상수지 적자가 신속하게 해결되면 상관없지만, 경상수지 개선 속도가 더딜 때에는 이 나라가 가진 외환보유고가 소진될 위험에 처해 국제통화기금(IMF)에 구제금융을 신청하는 등 극단적인 위기를 겪게 될 것이다.

반면, 이 나라가 통화 가치 하락을 내버려두는 변동환율제도를 채택하고 있다면, 환율이 급등하면서 상품 가격 경쟁력이 강화되어 수입이 감소하고 수출 수요가 증가하게 된다. 또 통화 당국이 고정환율제도 유지를 위해 통화공급을 감소시키지 않아도 되므로 수출 수요 감소에도 총수요는 감소하지 않고 국내 경기도 위축되지 않을 것이다. 물론 달러로 표시된 이 나라의 국민소득은 줄어들지 모르지만, IMF에 구제금융을 신청해야 하는 극단적 상황에는 이르지 않을 것이다.

결국 1997년 우리나라에 외환위기가 벌어진 건 금융 시장을 개방하면서 고정환율제도를 유지했던 당국의 실수 때문이다. 〈도표 7-5〉는 1997년을 전후한 우리나라의 경상수지와 금리 수준을 보여주는데, 경상수지가 급격히 악화되던 1995~1996년을 전후해 금리가 오히려 떨어지는 것을 발견할 수 있다. 당시 미국 연준 의장 그린스펀이 정책금리를 인상하고 있었음을 감안하면, 경상수지 적자가 날로 확대되던 우리나라가 금리를 떨어뜨린 것이 과연 타당했는지 의문이다.

물론 외환위기 이전에는 통화정책이 '금리'를 조정하기보다는 '통화량'을 조절하는 쪽에 맞춰져 있었기에 1990년대 중반의 금리하락을 꼭 정부 탓으로 돌리기 어려운 부분도 있다. 금융시장이 개방되면서 종금사들이 해외에서 저금리로 자금을 조달할 수 있게 됨에 따라, 경제 전체의 금리가 떨어진 면도 분명한 사실이기 때문이다. 그러나 1995~1996년 당시 월간 총통화(M2) 공급 증가율을 살펴보면, 평균 20.4%를 기록한 것으로 나타나 당시 우리나라 정책 당국이 꽤 적극적인 통화공급 확대 정책을 펼쳤음을 발견할 수 있다. 결국 1990년대 중반 당시의 저금리 환경은 금융 개방뿐만 아니라 풍부한 통화공급이 상당한 기여를 한 것으로 봐도 될 것이다.

고정환율제도는 환율을 안정적으로 유지할 수 있다는 장점이 있지만, 금리 정책의 자유를 잃게 된다. 물론 자본시장을 개방하지 않고 중국처럼 통제하는 경우에는 미국이 정책금리를 인상해도 얼마든지 금리를 인하할 수 있다. 그러나 우리나라는 1992년부터 자본시장을 점진적으로 개방하고 있었다.

이 대목에서 당시 우리나라 주식을 매입한 외국인의 입장이 되어보자. 우리나라에 저평가된 우량 주식이 많다는 이야기를 듣고 1992년부터 꾸

출처: 한국은행 경제통계정보시스템(ECOS).

1995년을 전후해 우리나라 경상수지는 급격히 악화되기 시작했는데, 회사채 금리는 역사상 가장 낮은 수준이었다. 경상수지 악화로 외환시장에서 환율이 상승하고 있는데, 금리를 떨어뜨리는 등 완화적 통화정책을 사용하면 외환보유고가 급격하게 고갈될 가능성이 높아지게 된다. 물론 1997년 7월 태국 외환위기가 없었다면, 우리나라는 외환위기를 겪지 않을 수도 있었다. 그러나 체력이 약한 상태에서 걸린 감기가 폐렴으로 쉽게 악화되듯, 외환 수급이 악화된 상태에서 발생한 외부 악재로 우리 경제는 걷잡을 수 없는 악순환에 빠져들고 말았다.

준히 주식투자 규모를 늘리고 있지만, 우리나라 경상수지가 점차 악화되는 게 걱정스러울 것이다. 게다가 우리 정부는 환율 변화를 시장에 맡기는 이른바 '변동환율제도'를 채택하는 것도 아니면서, 은행권 대출 및 예금금리 인하를 유도하고 있다. 이 경우 투자자 입장에서 믿을 건 우리나라 기업의 실적뿐이다. 그런데 1996년 하반기에 미국의 반도체 애널리스트가 'D램 수급 불균형'을 언급하면서 우리나라 반도체 주식을 매도하라고 권한다면? 독자들이 그의 입장이라면 어떻게 행동하겠는가?

결국 1997년 9월부터 외국인 투자자들마저 우리 주식시장을 이탈하기 시작했고, 한 달 뒤인 10월에 우리나라는 구제금융을 신청하고 말았다. 당시 우리나라는 운도 없었다. 1990년 이후 일본 경제가 망하면서 일본계 금융기관이 아시아 지역에 대한 대출을 줄이기 시작한 데다, 1997년 7월 태국 외환위기 이후 다른 나라도 외환위기에 전염될 수 있다는 우려가 부각되어 악영향을 미쳤다. 그러나 우리 정부가 1995년 아니 1996년 하반기부터라도 금리를 인상하는 등 긴축정책을 시행하고, 하다 못해 1997년 7월에라도 자유변동환율제도를 이행했더라면 IMF에 구제금융을 신청하는 수모는 당하지 않았을 것으로 판단된다.

참고 자료

차명수, 『금융 공황과 외환 위기, 1870~2000』, 아카넷(2004), 139~141쪽.

6장

외환위기 이후, 어떤 변화가 나타났나?

앞 장의 내용에 동의하지 못하는 독자들도 많으리라 생각된다. 외환위기 직전 한보, 기아, 한양 등 수많은 기업이 파산하는 등 기업의 위기가 먼저 찾아왔던 것도 분명한 사실이기 때문이다. 필자 역시 수출 실적을 내기만 하면 저금리 대출을 해주는 1960년대 이후의 낡은 시스템이 공급 과잉을 부르고, 기업 연쇄 부도를 일으킨 원인의 하나라는 것을 부인하지 않는다. 다만, 과거에도 이 정도 위기는 매우 빈번했었음을 지적하고 싶을 뿐이다.

당장 1972년 '8.2 조치'부터 시작해, 1980년 제2차 석유파동 등 수많은 어려움이 닥칠 때마다 우리 정부는 환율을 신속하게 조정해서 위기를 탈출했다. 〈도표 7-6〉을 통해 1971년과 1980년에 달러에 대한 원화 환율을 계단식으로 조정한 것을 쉽게 발견할 수 있다.

외환위기 원인에 대한 이야기는 이 정도에서 마무리하고, 외환위기 이후 우리 경제가 어떤 방향으로 움직이기 시작했는지 살펴보자. 필자가 보기에 외환위기 이후 우리 경제에 나타난 가장 큰 변화는 금융 자유화

〈도표 7-6〉 1965년 이후 달러에 대한 원화 환율 추이

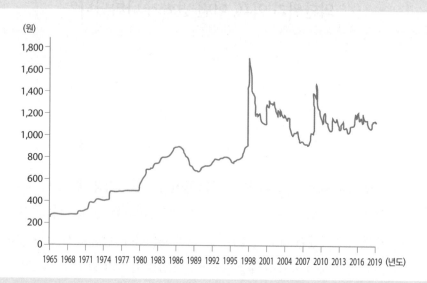

출처: 한국은행 경제통계정보시스템(ECOS).

고정환율제도(혹은 관리변동환율제도)에서는 달러에 대한 원화 환율이 고정
되어 있을 것으로 생각하기 쉽지만, 현실은 그렇지 않았다. 1960년대부
터 1980년대 초반까지, 우리 정부는 경상수지가 악화되고 수출 기업의
경쟁력이 약화된다고 판단할 때마다 수시로 환율을 인상했다.

다. 즉, 예전에는 환율과 금리를 정부가 결정했다면 외환위기 이후에는 시장의 수요와 공급이 이를 결정하게 되었다. 이는 우리 경제에 엄청난 변화를 가져왔는데, 가장 중요한 변화로 중앙은행의 역할이 그 어느 때보다 강해진 점을 들 수 있다.

자본시장을 개방한 나라가 고정환율제도를 채택하고 있을 때는 기축통화 국가인 미국 금리에 대부분의 나라 금리가 종속되는 현상을 쉽게 발견할 수 있다. 이런 현상이 나타나는 건 외환시장의 변동성이 '0'에 가까워, 차익거래가 쉽게 이뤄지기 때문이다.

예를 들어 사과 1개를 1천 원에 사서 길 건너편에 2천 원에 팔 수 있다면, 모든 사람이 그렇게 할 것이다. 그러나 사람들이 이런 기회를 이용함에 따라 사과 가격은 결국 조정될 것이기 때문에 가격 차이가 나는 상황이 오래 지속되지는 못할 것이다. 방금 이야기한 '사과 거래'처럼, 한 시장에서 자산을 매입하고 다른 시장에서 그 자산을 매도함으로써 이익을 얻는 과정을 '차익거래'라고 한다.

고정환율제도하에서는 금리 격차를 이용한 차익거래가 용이하다. 예를 들어 1달러에 1천 원으로 환율이 고정되어 있을 때, 미국 금리가 3%이고 우리나라 금리가 1%라면 우리나라에서 돈을 빌려 미국에 예금하는 순간 2%의 차익을 거둘 수 있게 된다. 게다가 이 거래를 주도하는 금융기관의 신용도가 높다면, 차익거래를 계속할 수 있을 테니 우리나라 돈은 끝없이 미국으로 흘러들어갈 것이고, 결국 우리나라 금리는 미국 수준으로 상승할 수밖에 없게 된다. 따라서 자본시장을 개방한 나라가 고정환율제도를 채택하고 있을 때, 중앙은행은 존재감이 없다. 급박하게 금융위기가 발생할 때 은행이나 정부에게 긴급자금을 융자해주거나, 은행의 건전성을 감독하거나, 중앙은행권을 발행하는 일이 중앙은행의 주된 임무다.

그러나 1997년 이후, 자유변동환율제도로 이행하면서 중앙은행은 아주 중요한 '수단'을 하나 손에 쥐게 되었다. 그것은 바로 정책금리다. 1년에도 환율이 50원에서 100원 가까이 움직이다 보니, 두 나라의 금리가 1~2% 차이 나는 것은 별다른 영향을 미치지 않는다. 따라서 미국 중앙은행의 금리가 몇 퍼센트인지 구애 받지 않고 한국은행이 금리를 자유롭게 조정할 수 있게 되었다. 그리고 중앙은행의 금리 변화는 경제에 즉각적인 영향을 미치게 된다. 금리를 인하하면 경제 전체에 통화공급이 늘고 경기가 좋아지며, 반대로 금리를 인상하면 통화공급이 줄고 경기는 나빠진다. 앞서 5부 3장에 다뤘던, 육아조합의 사례를 떠올려도 좋을 것이다.

이 결과, 우리나라 경기변동폭은 1997년 이전에 비해 훨씬 완만해졌다. 다시 말해, 경제성장률의 위아래 진폭이 예전보다 줄어들었다. 대표적인 예가 글로벌 금융위기로, 미국 등 선진국 경제가 어려움을 겪고 수출이 위축되었음에도 우리 경제는 2008년에 2.8% 성장했고, 2009년에도 0.7% 성장한 바 있다. 물론 2009년부터 시작된 정부의 재정 확대 정책이 성장률 급락을 저지하는 데 기여했지만, 한국은행이 2008년 가을부터 금리인하를 신속하게 단행하지 않았다면 경제에 미치는 충격은 훨씬 컸을 것이다.

자유변동환율제도의 채택뿐만 아니라, 금리자유화가 이뤄진 것도 경제 전반에 큰 변화를 가져왔다. 외환위기 이전, 우리 정부가 은행 금리를 점진적으로 자유화시키고 있었지만 수출 대기업이 아니고서는 은행에서 대출을 받기란 하늘의 별 따기였기에 '금리자유화'는 남의 일이었다. 그러나 1997년 외환위기 이후, 제일은행 등 몇몇 은행이 해외 투자

일제 강점기 당시 명동에 있던 조선저축은행(우). 조선저축은행은 1929년 설립됐으며, 1958년 제일은행으로 이름을 바꾸었다. 1998년 IMF 구제금융사건 당시 공적 자금이 투입된 이후 해외 매각이 추진, 2005년 영국의 스탠다드차타드 은행에 매각됐다.

자들에게 인수되고, 나아가 은행들 간의 경쟁이 격화되면서 진정한 의미의 금리자유화가 이뤄졌다.

이자율의 자유화가 이뤄지기 전의 상황은 7부 3장에서 다룬 바 있다. 우리 경제가 가파르게 성장하면서 연 30% 이상의 명목성장률을 달성하고 있었지만, 수출 대기업을 위한 대출 금리는 6% 안팎이었다. 이런 상황에서는 어떤 일이 벌어질까? '8.3조치' 때 확인된 것처럼, 능력 있는 극소수 사람들이 저금리로 빌린 돈을 다시 고금리로 재대출해주었다. 물론 당시 우리나라는 수출 제조업을 육성하기 위해 노력을 기울이고 있었기에, 수출 기업들에게 저금리 대출을 해주는 것은 매우 정당하고 효율적인 일이었다.

그런데 경제가 성장하고 제조업의 경쟁력이 충분히 강화된 다음에도 과연 저금리 대출이 필요할까? 산업 발전 초기 국면에는 저금리 등 다양한 지원이 필요하지만 경쟁력이 일정 수준에 도달한 다음에는 경쟁을 촉진시키는 방향으로 나아가는 게 바람직하다. 특히 능력 없는 기업에게 저금리로 대출해주다 잘못되면 1997년 때처럼 큰 위기에 처할 수 있다. 따라서 경제가 중진국 레벨을 넘어선 뒤에는 금리자유화의 필요성이 높아진다.

경쟁력이 높고 이자를 못 갚을 위험이 낮은 기업에게는 낮은 금리로 대출해주고, 경쟁력이 약하고 재무구조가 부실한 기업에게는 높은 금리를 부과하면 1997년 같은 '과잉 투자'의 위험은 자연스럽게 사라질 것이다. 또한 스스로 투자 프로젝트가 성공할 가능성이 매우 높고, 사업 수익성이 좋다고 장담하는 기업이라면 높은 금리에라도 기꺼이 자금을 빌리려 할 것이다. 결국 이런 과정을 거쳐 경제 내 자금이 예전보다 훨씬 효율적으로 배분되기 마련이다.

1997년 외환위기 직후를 제외하고는 대규모 기업 집단의 파산이 줄어든 것은 물론, 은행들의 경영이 훨씬 더 건전해진 것이 이를 뒷받침한다. 참고로 2018년 11월 기준 우리나라 은행의 연체율은 단 0.60%에 불과하며, 가장 위험한 기업 대출 연체율도 0.86%에 불과하다. 1998년 우리나라 은행의 기업대출 연체율이 8.0%였던 것을 감안하면 상전벽해의 변화라 할 수 있다.

이렇듯 은행 경영이 건전해지고, 기업들의 이자 연체가 줄면 경제 전체의 이자율이 낮아진다. 1688년 명예혁명 이후, 정부의 부도 가능성이 사라지자 영국 이자율이 낮아진 것처럼, 사회 전체의 투명성이 높아지면 그에 따라 이자율이 내려가는 것은 지극히 당연한 일이다(1부 1장 참조). 물론 외환위기 이후 우리 경제에 좋은 일만 있었던 것은 아니다. 다음 장에서는 외환위기 이후 나타난 문제점에 대해 살펴보도록 하자.

참고 자료

차명수, 『금융 공황과 외환 위기, 1870-2000』, 아카넷(2004).

IMF, "Why Are Structural Reforms So Difficult?"(2004).

FT, "Right time for China to liberalise renminbi"(2012.3.25).

금융감독원, "2018.11월말 국내은행의 원화대출 연체율 현황"(2018.12.31).

홍춘욱, 『환율의 미래』, 에이지21(2016).

브루스 바틀릿, 『백악관 경제학자』, 웅진지식하우스(2010), 360쪽.

7장

대규모 경상수지 흑자가 나타난 이유는?

외환위기 이후 기업들의 재무 상태가 건전해지고, 경제 전체의 이자율이 낮아지는 등 긍정적인 면이 크다는 이야기에 반감을 가지는 독자들이 적지 않을 것이다. 1997년 외환위기 이전에 비해 이후 우리나라 내수경기는 제대로 된 호황을 누린 적이 없기 때문이다.

왜 경제가 성장하고 기업들의 이익이 개선되었음에도 내수경기는 좋아지지 않았을까? 그 이유는 바로 대규모 경상수지 흑자에 있다. 우리나라 경상수지 흐름을 보여주는 〈도표 7-7〉을 보면, 1997년 외환위기 이후 단 한 번도 경상수지가 적자를 기록한 적이 없을 뿐만 아니라 2010년 이후에는 국내총생산(GDP) 대비 거의 4~8%의 흑자가 이어지고 있음을 확인할 수 있다. 문제는 이렇듯 경상수지 흑자가 발생할 때, 내수경기가 악화되는 경우가 많다는 데 있다.

이 문제를 이해하기 위해서는 국내총생산(GDP)의 구성에 대해 알 필요가 있다.

〈도표 7-7〉 우리나라의 GDP 대비 경상수지 추이

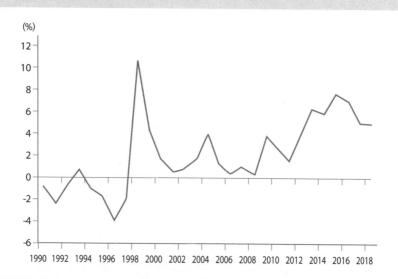

출처: IMF.

GDP(국내총생산)에 비교한 경상수지 흑자 폭이 날로 확대되고 있다. 이런 현상이 나타나는 이유는 원화의 가치가 상대적으로 저평가되어 있는 탓도 있겠지만, 외환위기 이후 미래에 대한 전망이 불투명해지면서 가계 저축이 늘어난 반면 기업 투자가 위축된 것이 큰 영향을 미쳤다.

GDP = 소비 + 투자 + 수출 − 수입 ⋯⋯⋯⋯⋯⋯ ①

식 ①에서 우변에 있는 '소비'를 좌변으로 보내면 식을 아래와 같이 바꿀 수 있다.

GDP − 소비 = 투자 + 수출 − 수입 ⋯⋯⋯⋯⋯⋯ ②

식 ②에서 좌변의 'GDP − 소비'는 결국 경제의 입장에서 보면 저축이고, 우변의 '수출 − 수입'은 결국 경상수지에 해당하므로, 아래와 같이 식을 바꿀 수 있다.

저축 = 투자 + 경상수지 ⋯⋯⋯⋯⋯⋯⋯⋯⋯⋯ ③

식 ③의 우변에 있는 '투자'를 좌변으로 옮기면 아래와 같은 식을 얻을 수 있다.

저축 − 투자 = 경상수지 ⋯⋯⋯⋯⋯⋯⋯⋯⋯⋯ ④

식 ④가 시사하는 바는 간단하다. 대규모 경상수지 흑자가 발생하고 있다는 이야기는 저축보다 투자가 적다는 것을 의미한다. 이런 현상이 나타난 이유는 외환위기 이후 가계와 기업 등 경제 주체들이 미래에 대해 불안감을 가져서이다. 한보, 기아, 한양 등 위세를 떨치던 대기업마저 속수무책으로 무너지고, 수많은 실업자가 양산되는 것을 본 '트라우마' 때문에 소비와 투자를 줄인 결과, 대규모 경상수지 흑자가 발생한 것이다.

하지만 문제는 나의 소비는 다른 사람의 '매출'이라는 점이다. 결국 만성적인 경상수지 흑자가 발생한다는 것은 내수 비중이 높은 기업의 영업 환경이 악화되는 것을 의미하며, 이는 기업의 투자와 고용 위축으로 이어지게 된다. 따라서 최근 겪었던 고용 부진 사태의 원인은, 1997년 외환위기 이후 경제 주체의 적극성이 약화된 탓이라고 볼 수 있다.

그렇다면 이 문제를 어떻게 해결할 수 있을까? 사람들의 심리를 바꾸는 것은 매우 어렵고, 시간도 많이 걸리는 일이기에 확실한 처방을 제시하기는 힘들다. 다만 정부의 재정지출 확대 정책이 대안이 될 수 있을 것이다. 2018년 기준 우리 정부의 GDP 대비 재정수지는 1%대 중반의 흑자를 기록한 것으로 추정되며, GDP 대비 정부 부채도 12.2%에 불과하다. 이렇듯 건전한 재정을 활용해서 정부가 기업들의 투자를 촉진할 다양한 인센티브를 제공하고, 공공부문의 일자리를 만드는 한편 경제 전체의 생산성 향상을 유발할 것으로 기대되는 사회간접자본에 적극적으로 투자할 필요가 있다. 물론 1997년 외환위기의 트라우마 때문에 건전 재정에 대한 집착이 존재하는 것 또한 사실이다. 그러나 GDP 대비 경상수지 흑자 규모가 나날이 늘어나는 등 내수경기의 부진이 장기화되는 것을 방치하면 장기적으로 세수의 기반이 더 축소될 수 있다는 것도 고려할 필요가 있을 것으로 판단된다.

참고 자료

홍춘욱, 『환율의 미래』, 에이지21(2016), 60~62쪽.
IMF, "World Economic Outlook"(2018. 10).

7부로부터 얻은 교훈

건전 재정에 대한 집착을 버려라!

1997년 외환위기는 우리 경제에 많은 영향을 미쳤다. 자유변동환율 제도가 도입되면서 한국은행의 금리정책 영향력이 확대되었고, 기업과 금융기관이 예전에 비할 수 없을 정도로 건전해졌다. 그러나 기업들의 투자가 부진한 가운데 재정긴축 정책이 시행되며 대규모 경상수지 흑자 및 재정흑자가 발생했고, 내수경기는 침체의 늪에서 벗어나지 못하고 있다.

이렇듯 국내 수요가 부진한 모습을 보일 때에는 두 가지 처방이 가능하다. 하나는 적극적인 금리인하를 통해 경제 전체에 유동성을 공급하는 것이다. 그러나 2015년부터 1%대로 금리가 떨어지면서 부동산 가격만 독주하는 등 경제 전체의 불균형이 심화되는 문제가 발생하고 말았다. 결국 내수경기의 침체를 막는 역할은 정부의 재정정책에 맡겨진 셈인데 〈도표 7-8〉에 나타난 것처럼, 2016년부터 3년 연속 재정흑자가 발생한 것은 물론 그 규모가 날로 확대되는 모습을 보이고 있다.

물론 고령화에 따른 미래 복지 관련 지출 증가 가능성, 나아가 한번 도

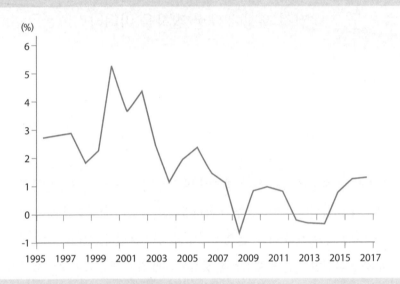

〈도표 7-8〉 우리나라의 GDP대비 재정수지(General government primary net lending/borrowing) 추이

출처: IMF.

국내총생산에 비교한 우리나라 재정수지 흐름을 보여주는데, 재정수지
가 대부분의 경우 흑자를 기록했음을 알 수 있다. 재정수지 흑자는 정부
가 세금으로 걷은 것을 다 쓰지 않는다는 뜻이니, 일종의 긴축적인 재정
정책을 펼치고 있는 셈이다. 그러나 만성적인 경상수지 흑자에서 확인되
듯, 가계 저축이 과다하고 기업 투자가 부진한 상황에서 정부마저 긴축
적인 재정정책을 펼치는 게 타당한 일인지에 대해서는 검토가 필요한 것
으로 판단된다.

입된 복지 프로그램의 중단에 따른 정치적 부담 등을 감안할 때 재정지출을 최대한 보수적으로 늘리려는 의도는 이해한다. 그러나 내수경기가 점점 더 말라붙고 청년층의 실업 문제가 만성화되면, 조세 수입의 기반도 무너질 수 있다는 점도 고민해야 할 시점인 것 같다.

참고 자료

Jonathan D. Ostry, Atish R. Ghosh, Jun I. Kim, Mahvash S. Qureshi, "Fiscal Space", IMF STAFF POSITION Note(2010).

맺는말

'유튜브' 방송을 진행하는 사람들의 모임에서 "왜 역사와 금융을 결합한 콘텐츠를 만들지 않으세요?"라는 질문을 받은 것이 이 책을 처음 구상한 계기가 되었다. 예를 들어 트라팔가르 해전에서 영국이 프랑스·스페인 연합군에게 압승을 거둔 것은 잘 알려져 있지만, 인구와 경제규모가 프랑스에 비해 작은 영국이 어떻게 그런 강대한 해군을 육성할 수 있었는지에 대해서는 모르는 사람이 많다는 이야기였다.

그 뒤 곰곰이 생각해보고 또 책장을 뒤져도, 금융 관점에서 세계사의 변화를 추적한 책이 없다는 생각이 들었다. 물론 경제사학계에 몸 담고 있는 학자들은 이 주제로 많은 책과 논문을 썼겠지만, 일반인 눈높이에 맞는 책들을 찾기는 힘들었다. 물론 이러한 생각을 그대로 놔뒀다면 책이 되지 않았겠지만, 로크미디어의 편집자들이 꾸준히 용기를 북돋워준 덕분에 이렇게 책으로 출간될 수 있었음을 이야기하지 않을 수 없다.

2018년 말부터 2019년 2월까지 매 주말마다 도서관에서 책을 쓰는 동안 무척 행복했고, 또 지금껏 십여 권의 책을 쓰는 동안 이렇게 편하게 책을 쓴 것은 처음이었음을 고백한다. 아마 금융과 역사, 두 분야를 워낙 좋아했기에 가능한 일이 아니었나 생각된다.

주말마다 도서관에 가도록 허용해준 너그러운 마나님과 아빠와 함께 도서관 나들이를 할 때 인상 한 번 쓰지 않고 따라와준 두 아들 채훈이와 우진이에게도 감사하다는 말을 전하고 싶다. 마지막으로 편찮으신 중에도 항상 아들이 잘되기를 기도하시는 어머님, 그리고 사랑하는 두 동생들에게 이 책을 바친다.